小沢一郎 淋しき家族の肖像

松田賢弥

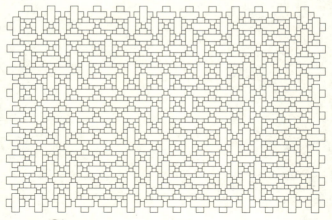

講談社＋α文庫
プラスアルファ

文庫版まえがき

「離縁状」が世に出たのは東日本大震災の翌年、二〇一二年六月のことだった。

〈このような未曾有の大災害にあって本来、政治家が真っ先に立ち上がらなければならない筈ですが、実は小沢は放射能が怖くて秘書と一緒に逃げだしました。岩手で長年お世話になった方々が一番苦しい時に見捨てて逃げだした小沢を見て、岩手や日本の為になる人間ではないとわかり離婚いたしました〉

小沢夫人・和子が、岩手の支援者らに送った手紙の一文である。震災から一年余たったものの当時、岩手沿岸を中心に被災地は瓦礫《がれき》の山から立ち上がるのに懸命だった。津波に呑まれた行方不明者は多数にのぼった。そこに和子の「離縁状」が届いたのである。

私が手紙の存在を知ったのは一二年五月のことだ。岩手県南のひなびた農村の朝、玄関の三和土《たたき》に姿を現したその人は私の目をジッと見据えて、ポツリポツリと語り出した。

「和子さんの手紙は来たあ。おら、手紙の中身に驚いて、和子さんに電話で『一郎じゃない。和子さんがいたからここまでやって来れたんだ。その気持ち、わかるべえ』と泣きながら言った。手紙が表に出たら一郎はもう終わりだ……」

私は驚いた。その時、小沢一郎の妻・和子によって、小沢が震災の後で何をし、さらに人間として何をしたのか、その本性が白日の下にさらされた「離縁状」の手紙が約十人の支援者に送られていたのだ。

前代未聞のことだった。小沢にはかねてから元料亭の女将《おかみ》という愛人がいた。一方でテレビのレポーターなどを生業《なりわい》にしていた二十代後半の女性に隠し子を産ませていた。その子を養子として元女将に引き取らせていたのである。私が取材した時には隠し子はすでに二十歳を超えていた。

小沢が和子と結婚したのは一九七三年十月。それから三人の息子をなし、四十年近く連れ添った。誰より小沢のことを知る和子だが、度重なる愛人関係を巡り、小沢は彼女に〈どうせ、お前も地位が欲しかっただけだろう〉〈あいつ（元女将）とは別れられないが、お前となら別れられるからいつでも離婚してやる〉などと侮辱的な言葉を投げつけた。一時、和子は自殺まで考える。一方で小沢は震災で苦しむ郷里の被災地の人々を顧《かえり》みないばかりか、放射能を怖《おそ》れるあまり東京から真っ先に逃げ出そうとし、〈こんな男を国政に送る手伝いをしてきたことを深く恥じています〉と、和子は十一枚の便箋に赤裸々に告白していた。

言うまでもなく小沢は闇将軍・田中角栄の秘蔵っ子として育ち、「最高権力者」として常に権力の中枢に君臨してきた。二〇〇九年には小沢は民主党の政権交代の立て役者となるが、一二年に消費税を巡って野田政権と対立、小沢グループが飛び出す形で民主党は分裂する。その分裂劇の狭間《はざま》で世に出たのが、和子の「離縁状」だった。

「離縁状」は、大震災から一年余にもかかわらず、政争に明け暮れる民主党政権に大きな一石を投じた。その敵失に乗じて自民党は一二年十二月の総選挙で圧勝、安倍政権が誕生する。

小沢の虚像は剝《は》げ落ちた。離縁状の復讐の一矢《いっし》は、歴史の歯車を回したのである。

その後、小沢は少数政党に転落。一二年十二月の総選挙では小選挙区制が実施されてから初めて十万票を割り、一四年十二月には七万五千票まで大幅に減らした。和子の「離縁状」をおおやけにしたのは一二年六月だから、その手紙の影響が打撃になったことは論を俟《ま》たない。

それでも、小沢は沈まない。なぜだろうか。通常の勤め人なら表を大手を振って歩くことはできないだろう。

一六年参院選の公示日が迫った六月十九日、小沢は怒った。

「お詫びするなら、お詫びらしくきちんとしなさい。そんな言いぐさはないでしょ」

この日、ネット企業主催の「ネット党首討論」に出席した「生活の党と山本太郎となかまたち」の小沢代表の怒声に会場は静まり返ったという。というのも討論中、司会で社会学者の古市憲寿《のりとし》が唐突にもこう切り出したからだ。

「僕、できれば小沢さんが再婚相手みつかったかどうか、ちょっと聞いてみたいんですけど」

小沢は「えっ?」と絶句する。古市は運営側の用意した釈明文を読み、一応お詫びらしき言葉を口にしたものの、さらに「こういう場ってのはある意味、人柄を見ることが一個、意味があるという風に思ったんですね」と語った。そこで小沢は怒りを露《あらわ》にし、「こういう場でそんなこと言うのはどうかしている」「そんなことと党首討論と関係ない」と声を荒らげた。

私は、古市の質疑はある核心を突いていたと思う。

小沢は和子がいたからこそ選挙区で当選を重ねてきた。そのことを一番知っていたのは小沢本人に他ならないだろう。一四年十二月の総選挙で私が「和子さんの努力があったから小沢さんはやってこれたのではないか」と質《ただ》すと、小沢は「その通り」と認めていた。しかし、古市の「再婚発言」には色をなして怒る――。

一六年参院選で小沢は野党の結束を唱え、民進・共産から一定の共感を得ていた。しかし小沢は政策と政治家の人間性は別の問題であると、和子の存在に触れることを頑《かたく》なに避けてきた。その点について、誰も突っ込もうとしない野党に何が期待できるのだろうか。政治家にとって離婚は何をもたらすのか、それを象徴したのが小沢一郎夫人による「離縁状」だった。

われわれは、改めて小沢一郎という人間を問い直さなくてはならない。日本には政策と政治家の人間性は別問題だとして、触れようとしない風潮がある。そのことで利を得ているのは誰よりも小沢一郎本人ではないか。

松田賢弥

二〇一六年七月

小沢一郎　淋しき家族の肖像　目次

文庫版まえがき　3

まえがき　13

第一章　妻・和子からの「離縁状」……19
〈岩手や日本の為になる人間ではないとわかり離婚いたしました〉
津波と原発事故で和子の抱いていた一縷の望みも儚く消え去った。

第二章　被災者・黄川田徹の告白……63
小沢は震災で肉親を失った唯一の国会議員にも副大臣辞任を指示。
せめてもの抵抗に黄川田は仮設住宅で線香をあげてくれと迫った。

第三章　小沢一郎に嫁いで……91
小沢と和子の結婚は田中角栄が早々にまとめた「政略結婚」だった。
料亭の女将の影に気づきながらも和子は地元・水沢を守りつづけた。

第四章　父親の証……135
自民党幹事長の座にあった時、二十代後半の女性に男児が産まれる。
その後、小沢は隠し子を女将の裕子に養子として引き取らせていた。

第五章　佐重喜とみちの秘密……171
父の佐重喜が急逝したことで、やむを得ず小沢は二十七歳で初出馬。
母のみちにはそれが負い目だった。さらに姉二人の出生にも秘密が。

第六章　永田町の父と母……225
小沢が親のように慕って政界の全てを教わった田中角栄と佐藤昭子。
その二人は一方的に去っていった小沢のことを最後まで信じていた。

第七章　淋しき小沢の王国……281
地元に帰らなくなった小沢は、ゼネコンが主導する選挙戦を展開。
県知事と一区も制覇したが、母が築いた人との紐帯を断ち切った。

第八章　家族と王国の崩壊……315
「母さん、別れなよ」和子の背中を押したのは三人の息子だった。
手紙で暴かれた小沢の人間性に、王国が音を立てて崩れはじめた。

あとがき　355

参考文献　361

対談／佐高信　淋しき男・小沢一郎の本質　362

小沢一郎　淋しき家族の肖像

写真／AFLO
共同通信
講談社写真資料室
掘田喬
中村將一

まえがき

追悼のサイレンがどこまでも鳴り響いた。あの日から二年たった二〇一三年三月十一日午後二時四十六分、私は岩手県沿岸地区の大槌町《おおつちちょう》にいた。サイレンの音は、二度と帰らぬ人への悼《いた》みと祈りを込めて、遠く海原や山里の集落など至るところに木霊《こだま》した。

大槌町は、釜石駅から沿岸の道を北へ車で三十分ほど走った海辺にある。山あいの入り江に広がるのどかな漁港だった。が、風景はあの日を境に一変した。ここは岩手県の三陸沿岸部の中でも、陸前高田《りくぜんたかた》市と並び突出して甚大な被害に見舞われた場所である。

岩手県の大震災による被害者（二〇一三年二月二十八日現在）は、死者四千六百七十二人、行方不明者一千百五十一人。大槌町は死者八百三人、行方不明者四百三十七人だ。死者、行方不明者を合わせると、この地で県内の二割以上の被害者を出している。

大槌町では津波に加えて、予想だにしなかった火災も街場を襲った。

「海が真っ黒な油と火を運んできだんだぁ……」

二年前、住民が悲痛な面持ちで私にそう語っていたことが思い出された。

三回忌のその日、町の高台にある城山公園体育館で東日本大震災津波岩手県・大槌町合同追悼式が催された。前列に並んだ国会議員用の来賓席には、小沢一郎と、その小沢と袂《たもと》を分かった平野達男前復興大臣らの姿があった。

式ではまず、この一年間で町に死亡届が受理された三十六人の名前が読み上げられた。その中には、五歳と三歳の幼い子供が二人いた。ああ、もっと生きたかっただろうに、そう思うと目頭が熱くなってきた。

仮設住宅に暮らす煙山《けむやま》佳成《かなり》（七十四歳）が遺族代表として追悼の辞を述べた。彼は町の消防団長で、三人の家族を失っている。

「（あの日）消防団長である私が半纏《はんてん》を取りに戻ると、ヘルメット、長靴、防寒具が揃えてありました。『早く行って』。それが妻の最後の言葉になりました。『頼むぞ』と言い残した先に、寝たきりのおばあちゃんに寄り添いながら頷く長男の姿がありました。家を出てから、後悔の念が押し寄せて来ました。なぜ、『津波が来る！　早く逃げろ！』と強く言ってこなかったのか。戻るべきだったのか。今でも悔いが残ります。終戦後、おばあちゃんは女手ひとつで多くの苦労を重ねてきました……」

遺族たちは、誰しもが俯《うつむ》いてしきりに涙を拭っていた。

帰路、あらためて眺めた大槌の町は、港に近づくほど視界を遮るものがなくなっていく。港の付近は、雑草だけがポツンポツンと生えている一面の更地だった。一角には、初めて来た二年前よりは少なくなったものの、いまだに瓦礫が堆積していた。小高い山裾に火災の痕跡を残す黒ずんだ杉の枝の雑木林があった。

岩手県では今もなお約三万八千人が仮設住宅に暮らしている。被災地のさびれた風景はあれからほとんど変わっていない。

先の追悼式でのある光景が思い起こされた。

献花の時、小沢は遺族らに丁重に拝礼した後、祭壇に白い菊の花を捧げていた。その瞬間、後ろ姿を見ながら、彼の胸に去来するものは何だろうか、と思った。と同時に、小沢はいったい、誰のために政治家をしているのだろうか、と。

〈岩手や日本の為になる人間ではないとわかり離婚いたしました〉

妻の小沢和子が支援者たちに送った手紙の中の一文である。便箋十一枚にわたる手紙は、被災地に足を運んで手を差し伸べようとしなかった政治家・小沢一郎の本当の姿をあますところなく綴《つづ》っていた。震災直後、小沢は被災地に目を向けるどころか、内々に放射能の情報を得て、あろうことか真っ先に東京から逃げ出そうとしていたと書いてあった。小沢は岩手出身の政治家であるにもかかわらず、あの日寒さに震え、わずかな灯りの下で少ない食料を分け合って食べていた三陸の人々を顧みることさえしなかったのである。

雨ニモマケズ
風ニモマケズ

岩手県の花巻で育った宮沢賢治の詩にもあるように、まさに、家族の生活のために黙々と働くことを銘として暮らしてきたのが岩手の山あいの人々だ。被災から三年目、和子の手紙を読み返すと、いかにして人は誰を愛し、誰のために生きるべきか、を問いかけているようにすら私は思う。

小沢について本格的に取材を始めてから二十年余り。その主なテーマは「政治とカネ」だった。和子の手紙を読んでから、初めて小沢一郎という人間を主題として本を書こうと思った。そのためには、小沢の人間性を知るうえで欠くことのできない隠し子や愛人の存在はもちろんのこと、彼の幼少年時代に遡《さかのぼ》り、父と母の秘密を解き明かすことにもなった。小沢が政界に入ってからの両親と言うべき田中角栄と金庫番で愛人でもある佐藤昭子《あきこ》の生涯にも触れざるを得なかった。言うまでもなく政治というものはあらゆる面で国民生活のすみずみまで直結している。だからこそ、政治家はその人間性に至るまで検証されなくてはならないと私は思う。

なお、文中の敬称は一部を除いて略させていただいた。肩書や政党、省庁、企業の名称などは当時のものである。

松田賢弥

二〇一三年四月

第一章

妻・和子からの「離縁状」

〈まだ強い余震がある中、お変りございませんか。

この度の大震災ではさぞご苦労があったと思います。ご家族・ご親類はご無事でいらっしゃったでしょうか。何のお手伝いもできず申し訳けありません。被害の余りの大きさに胸がつぶれる思いです。長年お世話になった方々のご不幸を知り、何もできない自分を情なく思っています。

このような未曾有の大災害にあって本来、政治家が真っ先に立ち上がらなければならない筈ですが、実は小沢は放射能が怖くて秘書と一緒に逃げだしました。岩手で長年お世話になった方々が一番苦しい時に見捨てて逃げだした小沢を見て、岩手や日本の為になる人間ではないとわかり離婚いたしました。

お礼の手紙にこのようなことを申し上げるのは大変申し訳けなくショックを受けられると思いますが、いずれお話しなければと思っていましたのでこの手紙を差し上げました。お聞き苦しいと思いますが今迄のことを申し上げます。

八年前小沢の隠し子の存在が明らかになりました。●●●●●といい、もう二十才をすぎました。三年つきあった女性との間の子で、その人が別の人と結婚するから引きとれといわれたそうです。それで、私との結婚前からつき合っていた●●●●という女性に一生毎月金銭を払う約束で養子にさせたということです。小沢が言うには、この●●●●という人と結婚するつもりだったが水商売の女は選挙に向かないと反対され、誰れでもいいから金のある女と結婚することにしたところが、たまたま田中角栄先生が紹介したから私と結婚したというのです。そして「どうせ、お前も地位が欲しかっただけだろう」と言い、謝るどころか「お前に選挙を手つだってもらった覚えはない。何もしていないのにうぬぼれるな」と言われました。あげく「あいつ(●●●)とは別れられないが、お前となら別れられるからいつでも離婚してやる」とまで言われました。

その言葉で、三十年間皆様に支えられ頑張ってきたという自負心が粉々になり、一時は自殺まで考えました。息子達に支えられ何とか現在までやってきましたが、今でも、悔しさと空しさに心が乱れることがあります。

お世話になった方々に申し訳なく、又、説明もできず、もしお会いしてやさしい言葉をかけていたゞいたら、自分が抑えられず涙が止まらなくなるのがわかり岩手に帰れなくなりました。選挙の時には、皆さんがご苦労されているのに、どうしても「小沢をお願いします」とは言えず、申し訳なさに歯をくいしばって耐えていました。

隠し子がわかって以来、別棟を建てて別居しています。S.Pさんや秘書の手前、料理や洗濯は変らずやっていました。用事の時は、小沢は私に直接言わず、秘書が出入りしていました。

それでも離婚しなかったのは、小沢が政治家としていざという時には、郷里と日本の為に役立つかもしれないのに、私が水をさすようなことをしていいのかという思いがあり、私自身が我慢すればと、ずっと耐えてきました。

ところが、三月十一日、大震災の後、小沢の行動を見て岩手、国の為になるどころか害になることがはっきりわかりました。

三月十一日、あの大震災の中で、お世話になった方々の無事もわからず、岩手にいたら何かできることがあったのではと何一つできない自分が情なく仕方がありませんでした。

そんな中、三月十六日の朝、北上出身の第一秘書の川辺が私の所へ来て、「内々の放射能の情報を得たので、先生の命令で秘書達を逃がしました。私の家族も既に大阪に逃がしました」と胸をはって言うのです。あげく、「先生も逃げますので、奥さんも息子さん達もどこか逃げる所を考えて下さい」と言うのです。

福島ですら原発周辺のみの避難勧告しかでていないのに政治家が東京から真っ先に逃げるというのです。

私は仰天して「国会議員が真っ先に逃げてどうするの！　なんですぐ岩手に帰らないのか！　内々の情報があるならなぜ国民に知らせないか」と聞きました。

川辺が言うには、岩手に行かないのは知事から来るなと言われたからで、国民に知らせないのは大混乱を起こすからだというのです。

国民の生命を守る筈の国会議員が国民を見捨てて放射能怖さに逃げるというのです。何十年もお世話になっている地元を見捨てて逃げるというのです。

私は激怒して「私は逃げません。政治家が真っ先に逃げだすとは何事ですか」と怒鳴りました。川辺はあわてて男達は逃げませんと言いつくろい、小沢に報告に行きました。

小沢は「じゃあしょうがない。食料の備蓄はあるから、塩を買い占めるように」と言って書生に買いに行かせました。その後は家に鍵をかけて閉じこもり全く外に出なくなりました。復興法案の審議にも出ていません。女性秘書達と川辺の家族は一ヶ月余り戻ってきませんでした。二日遅れで届いた岩手日日には三月十五日国会議員六人が県庁に行き、知事と会談したとありました。

彼らに一緒に岩手に行こうと誘われても党員資格停止処分を理由に断っていたこともわかりました。知事に止められたのではなく放射能がこわくて行かなかったのです。

三月二十一日「東京の水道は汚染されているので料理は買った水でやって下さい」と書生が言いに来ました。しかしそのような情報は一切発表されていませんでしたので、私が「他の人と同じ様に水道水を使います」と言いましたら、それなら先生のご飯は僕達で作りますと断ってきました。

それ以来、書生達が料理をし、洗濯まで買った水でやろうとしていました。東京都が乳幼児にはなるべく水道水を避けるようにと指示したのはその二日後です。すぐにそれは解除になりました。

三月二十五日になってついに小沢は耐えられなくなったようで旅行カバンを持ってどこかに逃げだしました。去年、京都の土地を探していたようですのでそこに逃げたのかもしれません。

その直後、テレビやマスコミが小沢はどこに行った？　こんな時に何をしているかと騒ぎだし、自宅前にテレビカメラが三、四台置かれ、二十人位のマスコミが押しかけました。それで、あわてて避難先から三月二十八日に岩手県庁に行ったのです。ご存知のように被災地には行ってません。四月に入ってからも家に閉じこもり連日、夜若手議員を集めて酒を飲みながら菅内閣打倒計画をたて始めました。菅さんが放射能の情報を隠していると思ったらしく相談を始めました。自衛隊幹部や文科省の役人に情報収集をしたようですが、発表以外の事実は得られず、それなら菅内閣を倒し、誰でもいいから首相にすえて情報を入手しようと考えたようです。この結果、不信任決議がだされ政治が停滞したことはご存知と思います。

この大震災の中にあって何ら復興の手助けもせず、放射能の情報だけが欲しいというのです。

本当に情なく強い憤りを感じております。実は小沢は、数年前から京都から出馬したいと言い出しており後援会長にまで相談していました。

もう岩手のことは頭になかったのでしょう。

こんな人間を後援会の皆さんにお願いしていたのかと思うと申し訳けなく恥づかしく思っています。

更に五月には長野の別荘地に土地を買い設計図を書いています。

多くの方々が大切なご家族を失い、何もかも流され仮設住宅すら充分でなく不自由な避難生活を送られている時に、何ら痛痒を感じず、自分の為の避難場所の設計をしています。●●という建設会社の話ではオフィスOという会社名義で土地を買い、秘書の仲里が担当しているということでした。

天皇・皇后両陛下が岩手に入られた日には、千葉に風評被害の視察と称して釣りに出かけました。

千葉の漁協で風評がひどいと陳情を受けると「放射能はどんどんひどくなる」と発言し、釣りを中止し、漁協からもらった魚も捨てさせたそうです。風評で苦しむ産地から届いた野菜も放射能をおそれて鳥の餌にする他は捨てたそうです。

かつてない国難の中で放射能が怖いと逃げたあげく、お世話になった方々のご不幸を悼む気も、郷土の復興を手助けする気もなく、自分の保身の為に国政を動かそうとするこんな男を国政に送る手伝いをしてきたことを深く恥じています。

長い間お世話になった皆さんにご恩返しができないかと考えています。せめて離婚の慰謝料を受けとったら岩手に義捐金として送るつもりです。今岩手で頑張っている方々がすばらしい岩手を作ってくれることを信じています。

ご一家には、本当に長い間お励ましお支えを頂きましたこと心から感謝しております。ありがとうございました。

七月には別の所に住所を移しました。

ご一家のご多幸を心より祈り上げております。

小澤和子〉

＊註・手紙の受取人が特定される記述は一部省略した。伏せ字部分は原文では実名が記されている。

離婚を決心した理由

小沢一郎の妻・和子が地元・岩手の支援者に宛てて、二〇一一年十一月に出した手紙の全文である。便箋十一枚にわたって綴られた和子の思いのたけ——それを初めて読んだとき、コピーを持つ手の震えが止まらず慄然《りつぜん》としたのを今でも覚えている。

一九八九年に小沢一郎について本格的に取材を始めてから、二十年余り。「剛腕」と呼ばれた政治家の隠された人間性を、ここまで赤裸々に明かした文章は、いまだかつて読んだことがない。私が今まで小沢について書いてきた記事や著作のすべてを、はるかに凌駕した内容だと認めざるを得なかった。

それは妻である和子が、夫・一郎の「隠し子」や「別居」についてきっぱりと告白していたから、というわけではない。

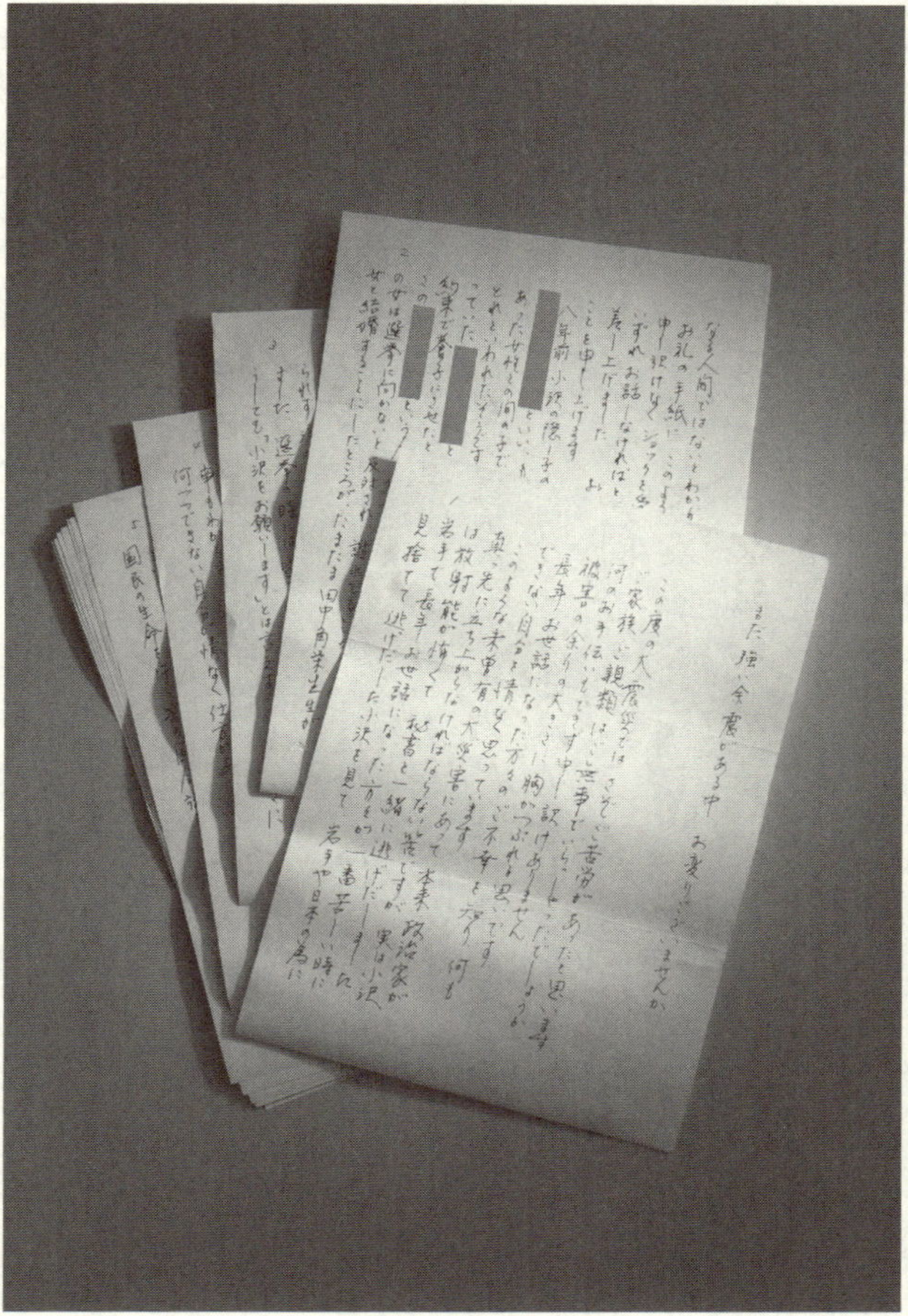

和子の「離縁状」

この「離縁状」の全文を『週刊文春』二〇一二年六月二十一日号で公開する以前に、私は同誌に「小沢一郎『完全別居』次男と暮らす和子夫人を直撃！」（同年三月二十九日号）、「小沢一郎に隠し子がいた！」（同年五月三・十日号）を寄稿し、小沢夫妻の別居と、隠し子の存在を明らかにしてきた。和子の「離縁状」は、たしかにそれらが事実だったと裏付けている。

だが、和子の手紙の中で、私の胸をうち震わせたのは、離婚を決心した理由について言及している一文だった。

〈岩手で長年お世話になった方々が一番苦しい時に見捨てて逃げだした小沢を見て、岩手や日本の為になる人間ではないとわかり離婚いたしました〉

小沢は東日本大震災から二週間以上たった二〇一一年三月二十八日、盛岡市の県庁で岩手県知事の達増《たっそ》拓也と会談している。手紙にもあるように、この日小沢は沿岸部の被災地には立ち寄っていない。

会談後、小沢は記者団にこう発言している。

「原子炉の制御不能状態が2週間以上放置されるのは世界で例がない。最悪の事態

を招けば日本沈没の話になる」（岩手日報二〇一一年三月二十九日付）

福島第一原発事故がかつてない被害規模になるかもしれない状況だったのはたしかだが、大津波による被害が甚大な岩手での発言としては違和感を拭《ぬぐ》えなかった。当時、ある岩手県議は小沢に対して、不満を露にしていた。

「小沢さんは被災地が逼迫《ひっぱく》した状態にあるのに、自分で現地に入って見ようともせず、なんであんなに原発事故のことばかり語るのか」

二〇一一年五月下旬、私は一ノ関駅から大船渡《おおふなと》線に乗り、陸前高田や大船渡など被災地を訪ね歩いた。小沢の取材で何度も足を運んだ場所であり、岩手は私の故郷でもある。三陸海岸に向かう大船渡線は途中の気仙沼《けせんぬま》駅までしか走らず、そこから先は線路や駅舎が破壊されて運行していなかった。今も復旧のメドは立っていない。

気仙沼の漁港、波止場附近の至るところが瓦礫の吹き溜まりだった。ひしゃげてひっくり返った車、引き出しの抜けた家具、綿がむき出しの布団、くずれたコンクリート、鉄板、木材の破片、茶碗、スプーンなどが土砂にまみれて山積みになっていた。陸にあげられた無数の漁船は横たわり、あるいはひっくり返っている。三、四階建てのビルは中から抉《えぐ》られ、カーテンが布切れとなって垂れ下がっている。人々の生活の痕跡はあとかたもなく瓦礫の山になっていた。

陸前高田では、防波堤が破壊され、大船渡線の鉄路は山から流れた土砂に埋まっていた。震災前は街の中心に市が避難所に指定した市民体育館があった。もはや内部は跡形もなく流されてコンクリートの外枠だけが残っていた。震災直後、そこには六十歳以上の高齢者が多く避難し、なかには車椅子の人もいた。しかし、津波は容赦なくその体育館を襲い、避難した住民約百人のうち、生存者はわずか三人だった。初老の地元住民は私にこう呻《うめ》いていた。

「今でも、田んぼの中から泥だらけになった遺体があがってくる。砂浜にはどこから流れできだのがわからない遺体があげられる。仮設住宅に入れでも集落の人はばらばらでな、孤独だぁ。いちばん政治の力が欲しい時、小沢さんは何もしてくれながっだぁ。なして沿岸の被災地に来ないの。岩手出身の政治家だべさ。このままでは人や町や家が流されだだけでなぐ、心まで流されでいく。おらだちはよう、見捨てられたのがぁ……」

小沢が初めて岩手の被災地に足を踏み入れたのは、震災から十ヵ月も経った二〇一二年一月のことだった。

小谷木橋の風景

被災地のことを思い描きながら手紙を読み終えると、なぜか私の脳裡にはある風景が浮かんだ。

小沢の地元である水沢（現奥州市水沢区）の市街地から新幹線の水沢江刺駅に向かう国道の途中に、北上川に架かる橋がある。小谷木橋《こやぎばし》という。荷物を積んだ大型トラックやバスが行き交う時は、よほど注意して徐行しないと車体を擦ってしまうような、錆《さ》びついた狭くて古い橋だ。北上川の土手には、春になると黄色いタンポポや、地元で「バッケ」と呼ぶ蕗《ふき》の薹《とう》などがいちめんに姿を現す。橋の上からは北から南へとゆっくり流れる北上川と、春の息吹をたたえた土手の風景が遠くまで眺められる。

やはり和子夫人は、もう一度水沢に来たかったのかもしれない――。三人の息子を産み、長男が小学校を卒業する頃まで過ごした水沢。不慣れな選挙活動に苦労をしながらも、その頃が彼女にとって、今を生きているという実感を噛《か》みしめられた時代だったのではないだろうか。

和子とともに水沢で地盤固めをした小沢の元側近秘書の髙橋嘉信《よしのぶ》は手紙を読んで、互いに支えあった日々を振り返り、こう述懐した。

「小沢は蕗の薹を生《なま》のまま刻んで味噌汁にいれた汁が大好物だったんです。私と奥さんは北上川の土手まで行って、頭を出したばかりの蕗の薹を摘《つ》んでは、袋に詰めて奥さんが東京へ持って帰ったものです。そうやって必死にあの人のために働いてきた。でも、小沢には結局、何も通じなかった」

そう感じたのは髙橋ばかりではないはずだ。かつてともに選挙を戦ってきた支援者たちに、嘘偽りのない本当の小沢一郎の姿を知ってほしいという和子の心情が、手紙の行間から滲《にじ》み出ている。

〈どうせ、お前も地位が欲しかっただけだろう〉

〈お前に選挙を手つだってもらった覚えはない。何もしていないのにうぬぼれるな〉
〈あいつとは別れられないが、お前となら別れられるからいつでも離婚してやる〉

小沢が和子に浴びせつけた屈辱的な言葉の数々だ。小沢の息遣いまで感じられるような筆致だが、これを読んだ岩手の支援者たちは、和子のみならず自分たちも小沢に愚弄《ぐろう》されたと感じたのではないだろうか。私はそう感じた。あくまでも和子に対して発せられた言葉だが、小沢が初当選した一九六九（昭和四十四）年から四十年以上にわたり支援してきた水沢の人々も、心を踏みにじられたと思っているはずだ。

なぜなら、古くからの支援者が「和子さんはいっつも私だちの仲間だっだぁ」と語っていたように、和子の心は、水沢のみならず岩手の人々と共にあった。後に詳しく述べるが、手紙を受け取った支援者の一人は和子に電話をして、泣きながらこう伝えている。

「一郎じゃねえ。和子さんがいるからこそ、（小沢の支援を）やってきだんだ」

にもかかわらず、小沢は手紙について、いまも

夫の当選を祝う和子

なお黙殺し続けている。『週刊文春』で全文公開した際にも、小沢事務所は、「離婚の事実も慰謝料を払った事実もありません。（川邉嗣治秘書は）大阪での法事のために家族を帰らせたことはありますが、周囲に避難を勧めたことはなく、（小沢が）京都から出馬を検討したこともありません」と文章で回答してきただけだった。

小沢と和子が、すでに法的に正式な離婚をしたのかは定かではない。だが、手紙を読む限り、小沢夫妻が事実上の離婚状態にあることは明白である。

「小沢さんと近い議員たちも、絶対にこの話題については聞けません。和子さんが離婚届に判を押して、小沢さんに突きつけて家を出たものの、小沢さんは役所にまだ届を出していないというのが、一番ありうる気がします」

と小沢グループの議員は推測している。

当初、小沢の周辺にいる取り巻きたちは、「手紙の筆跡が奥さんのものとは違う。あれは偽物だ。消費税増税法案の採決にタイミングを合わせた陰謀だ」などと、根拠のないことを喧伝《けんでん》していた。

言うまでもないが、筆跡が和子本人のものであることは、事前に複数の元秘書らに確認して、間違いのないことが判明している。

すると小沢周辺は、離縁状の〝真贋《しんがん》論争〟では勝てないと考えたのか、「和子さん自身が書いたものかもしれないが、まともな精神状態で書かれた手紙ではないので、事実とは違った内容が書かれている」と言い出す者まで現れたのである。

和子からの手紙を受け取った支援者の一人は、私が全文を公開した後に和子と電話で話をしている。

「和子さんどは（『週刊文春』六月二十一日号に）あんた（筆者）の記事が出た後も電話で話しました。和子さんは『私は元気です。心配しなくても大丈夫。そちらの方がマスコミに追いかけられていないか心配です』と言って、自分のことより、こちらの方を気にしてくれていた。和子さんに『そっちのほうがマスコミがいっぱいいるでしょう』と言ったら、『そうね』と言っていたけど、別にめげているふうでもなく、いたって普通で元気そうでした」

この事実ひとつとっても、小沢周辺の弁明がいかに虚しいものかわかるだろう。彼らとの不毛な論争をここで続ける気は、さらさらない。それは私がどのようにして手紙の内容を知り、コピーを入手したのか。手紙を受け取った支援者たちが、どのような思いで読んだのか。その上で、なぜ「私信」である手紙を全文公開しようと考えたのか。これらを明らかにすれば、読者の方々には納得してもらえると思うからである。

後援会幹部の言葉

二〇一二年の初頭から永田町では、「小沢がすでに離婚したらしい」「奥さんが離婚したと手紙にしたため、後援会幹部らに送ったらしい」といった噂が秘かに囁《ささや》かれていた。だが、いずれも真偽不明の断片的な情報にすぎなかった。

同年一月以降、凍《しば》れてやまない岩手の地に足を運び、雪に足をとられながら、手紙の存在を尋ね歩いた。時には吹雪の日もあった。が、小沢の支援者や後援会関係者は、「そんなものはもらっていない」と否定するばかりで、本当に手紙が存在するのかさえ、判然としなかった。

ただ、夜遅く自宅の玄関先に出てきたある後援会幹部の言葉が、私の胸に引っかかった。

「和子さんが水沢に来なくなってから十年になるべが。息子（三人）を後継者にするつもりなら、そんな空白期間を置くはずがねえ。息子は選挙に出ないだろうな。第一、息子のことは誰も顔も知らない。和子さんに何があったがはわがらないが、小沢一郎を支えてきたのは和子さんだ。小沢は和子さんに任せっきりで、何もしてこなかった」

吐く息も白く呟いた「小沢は何もしていない」という言葉に、長年取材してきた私は耳にざらつくような違和感を覚えた。かつて「小沢王国」と呼ばれた岩手では、小沢に触れること自体を禁忌にするような雰囲気があったからである。何かが崩れている。少なくとも、小沢がこれまでになく突き放された冷めた目で見られている。そんな異変を感じとった。

そもそも、二人の結婚は、小沢の師・田中角栄が仲介したものだ。角栄の後援会「越山会」の大幹部だった新潟の建設会社「福田組」の社長・福田正の長女・和子を角栄が秘蔵っ子の小沢に娶《めと》らせた、いわば政略結婚だった。しかも、二人の間には、いまはいずれも三十代の三人の息子がいて、積み重ねた三十八年間の歳月がある。当時すでに七十歳の小沢と六十七歳の和子がいまさら離婚するなど、にわかには信じがたい話だった。

しかし、和子がこの十年来、水沢に来ていないのは紛れも無い事実だった。伏線はあった。たとえば二〇一〇年四月、地元の水沢体育館で小沢の父・佐重喜《さえき》と母・みちを「偲ぶ会」が催され、会場には達増拓也岩手県知事ら約二千五百人が集まった。小沢は、「昨年、念願の政権交代を果たした。やっと両親に報告と供養ができる」と挨拶したが、その言葉とは裏腹に、この頃、小沢は苦しい状況に追い込まれていた。同年一月、小沢の元秘書三人が政治資金規正法違反容疑で逮捕され、小沢自身も後に不起訴処分になったとはいえ、東京地検特捜部による事情聴取を受けていた。年忌法要ではなかっただけに、この法要は小沢の「反転攻勢」の場として使われたようにも映った。

しかも、法要には同席すべき和子の姿がどこにもなかったのである。

一方で、私は二〇一二年三月に小沢夫妻の異変をつかんでいた。既述したように、二人の別居である。詳しいことは後述するが、和子は小沢と住んでいた東京・深沢の自宅から、徒歩三分ほどの秘書寮に移っていたのだ。そこで次男と一緒に暮らし、自分宛ての宅配便や手紙もすべて、小沢邸ではなくこの秘書寮に届くように手配していた。まさに「完全別居」である。その光景は、部外者が想像できないような亀裂が、二人の間に生じていたことを如実に物語っていた。

小沢夫妻にどのような異変があったのか。やはり、和子が後援者らにしたためた手紙は存在しているのではないか。もしかしたら、その手紙には別居に至るまでの和子の心情が吐露《とろ》されているのではないか。私は胸騒ぎを覚えた。

「あんだは間違ったことは書いでない」

そこで二〇一二年五月、岩手に出向き「あるいは、この人なら受け取っているのではないか」と思われる長年の支援者らを、再び訪ね始めたのだった。

ある支援者の家を訪ねた早朝のことだ。

突然現れた私に、その支援者は玄関口の三和土で訝《いぶか》しげな顔を向けた。私は非礼の訪問を詫びつつ自己紹介を兼ねて、三月に『週刊文春』で小沢夫妻の別居を報じたこと、四月末には同誌で小沢の隠し子の存在を明らかにし、その隠し子は小沢の愛人である料亭の元女将に養子として迎えられ、いまや二十歳を超えていることなどを伝えた。

「あぁ、あの記事は読んだ。あんだは間違ったことは書いでないよな。まぁ、上がれ」

そう言って私を居間に招き入れてくれた。

胸の鼓動が速まっていく。岩手県出身の私の知る限り、このあたりでは地元紙を定期購読する習慣はあっても、週刊誌はよほど気になる記事がなければ買うことはほとんどない。一種の贅沢品である。別居や隠し子のことを報じた『週刊文春』が、地元でも騒ぎを引き起こしたであろうことは想像がつく。

しかし、「間違ったことは書いでない」という言葉は、記事で明らかにした内容と符合する事実を以前から知っていなければ、その人の口から出るはずがない。この支援者は何かを知っているはずだ。そう思い、私は率直に尋ねた。

「もしかしたら、和子さんからの手紙が来ているのではないですか」

その人は、じっと私の目を見据えながら、間を置いてゆっくりポツリポツリと語り出した。

「来たよ。去年（二〇一一年）の十一月だ。長い手紙でなぁ……。小沢が被災地に行かないことに和子さんが怒ったとか、小沢が放射能を怖がって『東京から逃げろ』『水飲むな』と言ったことが情けないと思った、と書いであった。あと、小沢の女……、料亭の女将がいるということは前がら噂で聞いだことはあったとも、その女が小沢の隠し子を預がっでいるということも書いでだ」

手紙は私が探し回る半年前に出されたものだった。しかも、その人は私が書いた記事で仮名で伏せていた料亭の女将の実名を口にしている。

私は、期せずして核心にたどりついたと思った。

手紙に記された言葉一つひとつを確認するために何度も聞き返す私に、その人は嫌な顔一つせず語るのだった。しかし、時折手が微《かす》かに震えている。和子から手紙をもらってから半年もの間、夜毎、寝床についてからも案じていた重大事を、自分の胸にとどめておくことができず、ようやく吐き出した安堵感すら感じているかのような様子にも思えた。

時に、落ち着かなくなると、私が遠慮する言葉を口にしても、インスタントコーヒーや煎茶を入れに座を立った。そして、ため息まじりに、何度となく繰り返すのだった。

「和子さんはよっぽと思いつめてのことだべなぁ。なんで一郎は和子さんにこんな仕打ちをするんだぁ」

親身になって和子の身を案じていることが言葉の端々から伝わってくる。

その人はさらに、こう続けた。

「おらは手紙の内容さ仰天して、和子さんに泣ぎながら電話しだんだ。『一郎じゃねえ。和子さんがいるからこそ、(小沢の支援を)やってきだんだ。本当にさぁ』と伝えだんだ。

和子さんは、『息子たちは私についているから。息子たちが、お母さん別居したら、と言ってくれたの。水沢に行くと涙が出るから申し訳なくて行けない』と話していだ。

昔だっていつ別れてもおかしくはなかったんだ。苦労したんだ、和子さんは。その和子さんが、今や行く場所もなぐなったなんてな……。

昔は一郎の支援をする人がこの辺りでも少なくてな、演説会場を探すのも、ひと苦労でな。それでも一郎は一度だって来たことはねえ。いっつも、和子さんだ。和子さんは演説がヘタでなぁ。いっつも『それじゃ、わがらねえぞ』とまわりから怒鳴られでいだぁ。それでも一生懸命だった。

夜の演説の帰り道で『息子たちが楽しみにしているから』と小さな線香花火を三人分買っていった姿が忘れられねぇ。和子さんはもう、いつ（旧姓の）福田和子に戻っていでもおがしくねぇんだ」

最後の言葉が私の胸に重く響いた。しかし、離婚したことまで手紙に書かれていたことを、その人はついぞ語らなかった。とはいえ、「福田和子」に戻るということは、小沢夫妻が後戻りのできない破局に至っていることを意味する。それ以上に、私は福田和子という名前を頭の中で反芻《はんすう》しながら、遠い雪国の新潟で育った女の半生とはいったい何だったのだろうか、という思いに捕《と》らわれていた。

私は何度も「手紙を見せてほしい」と頼み込んだ。だが、その人は頑なに拒んだ。

「この手紙が表に出たら、小沢一郎はもう終わりだぁ……」

五月上旬のやわらかい日差しが、縁側のレースのカーテンを透《す》かしてこぼれていた。三十年来の支援者だったその人は、俯くと眉間にしわを寄せながら、

「一郎のおらたちへの最後の仕打ちはこれがぁ」

と嘆くように、ぽつんと呟いた。

そして私の目をじっと見て、こう言うのだった。

「あんだはいつが、手紙を手にいれるべなぁ。でも、ひとつだけ頼みがある。和子さんに何とかして会ってでほしい。電話は携帯の番号になってから、あちらにはかけにぐいし。会って、和子さんの気持ちを聞いでくれないがぁ。和子さんは昔から気の強い人だし、息子もしっかりしているけど、おら、心配だがら……」

そう自分を納得させるように語りながら、目にうっすらと涙を浮かべていた。

「私の関心事は天下国家」

帰路、北上川の土手の道を歩きながら、ある場面を思い出した。二〇一二年一月、陸山会事件の裁判で証言台に立った小沢は、自身と秘書らの関係を検察に問われ、こう述べていた。

「私の関心事は天下国家の話で、それに邁進《まいしん》する日常を送っているつもりであります」

元秘書三人が政治資金規正法違反容疑で逮捕されていたにもかかわらず、小沢は元秘書らを庇《かば》い立てする言葉を発することはなく、むしろ「天下国家」と口にすることで、自身の政治への殉《じゅん》じ方を誇示しているかのように見えた。が、一方で傍聴席にいた私は、小沢の後ろ姿を見ながら、なぜことさらに「天下国家」と言いたてるのか、とも感じた。

証言台の小沢は元秘書三人の逮捕で苦境に陥っていた。その上、和子と三人の息子が自宅を出て別居するようになり、家族は崩壊の兆しをみせていたわけである。

そんな状況の中、小沢がことさらに掲げた「天下国家」という言葉の響きに、いまとなっては淋しさにも似た空虚さを感じずにはいられなかった。

別の日、私は東北本線のひなびた駅に降り立った。まわりいちめん水田だらけで、砂埃の舞いあがる農道を歩いて、別の支援者を訪ねた。吹雪や雨風を防ぐため、地元で「居久根《いぐね》」と呼ぶ屋敷林で囲った農家が点在していた。

その人も古くからの支援者で、私が玄関先で「和子さんからの手紙が届いていませんか」と尋ねると、その人は目をそらして「もらっていねえ」と首をふった。

だが、何の連絡もなく訪ねた私に、堰《せき》を切ったようにこう語るのだった。

「沿岸の被災地には一郎が旧選挙区（岩手二区）のころから世話になった人がたくさんいる。それでも、一郎は被災地に行がねえんだがらな。小沢後援会は和子さんがいるからやってこれたのに、和子さんが水沢に来ないどなると終わりだ。もう小沢後援会はバラバラだすな。一郎だって七十歳過ぎだ。次の選挙は落ちるような危ない状況になってもおかしぐないべ」

その人は軒先に吊るした干し柿が連なる縁側に立ち、憤懣《ふんまん》やる方ないというような表情をしていた。言葉の端々から、実は和子からの手紙が届いている感触があった。しかし、それ以上に和子が水沢に来なくなった約十年間で小沢からの離反が進み、「小沢王国」が崩れつつあることを私は実感した。

手紙に「離婚」の文字が

夜遅く、場末の暗く饐《す》えた臭いが漂うスナックやら韓国キャバレーなどのネオンがひしめく裏路地をかいくぐり、東北本線の駅近くにある支援者宅を訪ねた。その人は長年、小沢後援会の幹部だった。何度かしつこく呼び鈴を鳴らすと、ようやく顔を出してくれた。

不意の訪問を詫び、小沢夫妻の別居や隠し子の件を報じてきたことを懸命に伝えた。その上で、和子からの手紙が来ていないかと尋ねると、その人は時に家の前を走る車のライトが照りつける薄暗い門扉の前に立ちつくし、言葉少なに語り始めた。

「和子さんからの手紙は確かに来ました。小沢が被災地に行かないことへの不満の他に、『離婚』と書いであっだ。手紙を読んで、和子さんど電話で話をした。『水沢に来たら』と声をかけだけど、何も言わず『ありがとう』としか言わながった。一郎は和子さんでもってきた。その和子さんを、これほど苦しめていたとはな……。私は、もう一郎から離れました」

私はここで和子の手紙に「離婚」の文字があることを初めて知った。しかし、その人は手紙に綴られている言葉が「離婚しました」なのか「離婚します」なのか、何度も尋ねる私に言葉を濁《にご》した。改めて手紙そのものを読みたいという気持ちが高まったが、この日以降、その人は何度訪ねても表に顔を出すことはなかった。

それまでに私はまた別の支援者を何度となく訪ねた。その支援者宅は郊外のキャベツ畑が広がる中にひっそりと佇《たたず》む住宅地の一角にあった。しかし、いつも家人から不在だと告げられた。いつだったか、ある日の早朝に訪ねると、その人は庭の手入れをしていた。私はそれまで会った支援者の名前を伏せつつ、離婚や隠し子など、和子の手紙に書かれている内容のうち知りえたことを、再び尋ねた。

その人はしばらく黙って聞いていたが、意を決したように滔々《とうとう》と語り出した。

「和子さんの手紙は去年の十一月初め頃に届いた。和子さんの手書きで、『離婚しました』とあった。原因は、あんたが隠し子の記事で書かれていた通り、小沢の女性問題だ。料亭の女将だけでなく、隠し子の名前が実名で書かれ、和子さんは『自殺まで考えた』と……。

誰にも言えず、よっぽど思いつめたんだべなぁ。小沢がそこまで和子さんをないがしろにしていたとあっては、もう許せない。小沢は次の選挙に出られないだろう。もし出だとしても落選だろうな」

自殺を考えるまでに和子は追い詰められていたのだ。

その後も、私はひとり家々を訪ね歩く取材を重ねた。和子の手紙は二〇一一年の十一月、十名近くの支援者に送られていることがわかった。ただ、彼らは取材に応じてくれたとはいえ、手紙の提供は拒み続けた。

私は岩手を離れることができなかった。離婚・隠し子・自殺、そして小沢が放射能を怖れ、長い間、被災地に出向かなかったことなど、支援者から知りえた断片的な言葉が私の脳裡を駆けめぐっていた。彼らは手紙が届いてから六ヵ月もの間、手紙の存在を誰に語ることもなかったのだった。五月に私と会うことがなければ、いまも隠し通していたかもしれない。

夕暮れになると東北本線の土手伝いをあてどもなく歩き、街中をぬう狭い裏路地に沿って流れる小川を眺めていた。小沢の実家のすぐ裏手にある水沢公園で暗くなるまでベンチに座っていたこともあった。

協力者を守るために詳細は伏せるが、私は手を尽くして手紙のコピーをようやく二通入手することができた。そのうちの一通が全文公開したものだ。もう一通も筆跡はまったく同じで、冒頭と末尾に、その支援者や家族を気遣う文言などが書かれている以外は、内容もほぼ同一といっていい。

「隠し子の名前が出ている」「『離婚』という文字がある」など、支援者たちが明かしてくれた断片的な情報ともぴったりと一致していた。

和子に送った手紙

いうまでもなく、これは「小澤和子」が支援者に送った私信である。公開すべきか否か、逡巡《しゅんじゅん》しなかったわけではない。和子には手紙で再三取材を申し入れたが、未だに果たせていない。その中の一通で私はこう綴った。

「いつも頭に浮かんでいた情景があります。食料はなく、海水にぬれた衣類に震えながら身を寄せ合い、がれきの山に気持ちを押しつぶされつつ家族や知人を探し、さ迷い歩いた人々のことです。震災直後、沿岸部には冷たい雪が降りました。高台にある三陸鉄道の枕木にはそこを歩いた足跡がいくつもついていたと三陸鉄道の方から聞きました。和子さんの手紙を読み、何度もその情景が蘇ってきました。

和子さんの生涯とは何だったのかと思います。結婚をして、水沢で（小沢の母親の）みちさんに仕えながら三人の子を育て、小沢の代理として走り回る。それはいつも、和子さんの変わらぬ姿として水沢の人々には焼きついています。『一郎じゃない。和子さんがいるからやってきたんだ』と、誰しもが口にします。その一人は私に『もし手紙を見るようなことがあったら、ぜひ和子さんに会って話を聞いてほしい』と言いました。その気持ちは痛いほどわかります。同じように和子さんもその気持ちがわかるのではないでしょうか」

いまも人づてに手紙を託し、会って思いのたけを話してほしいと依頼し続けている。

少し大げさに聞こえるかもしれないが、和子の手紙は平成以降の政治を振り返る上で、極めて重要な意味を持つ第一級の資料である。

平成元年＝一九八九年に四十七歳の若さで自民党幹事長に就任して以降、小沢は政局の中核から一度として外れたことがなかった。自民党を出て、九三年に細川護《もり》熙《ひろ》政権を樹立させた後、政権与党の座を失っても「親小沢か、反小沢か」が永田町の座標軸の一つであり続けた。加えて政策面でも平成政治の枠組みを作り上げた。すなわち、「政治改革」の名のもとに行われた小選挙区比例代表並立制と政党助成制度の導入だ。そして「政権交代可能な二大政党制」を提唱し続けて、自由党と合併した民主党で実現させた。その功罪はひとまず措《お》くとして、この四半世紀にわたって、小沢が「この国のかたち」を決定づけた政治家であることは間違いない。

その小沢一郎が、未曾有の大震災に際して、いかなる行動をとったのか。その実像を、最も近くにいた人物が書き記した、極めて公共性の高い文書だと考え、公開に踏み切ったのである。

また、隠し子の実名まで記した手紙を、支援者たちに送るため手書きで何通も書き上げた和子の心情を思った。自分の目で確かめた小沢の実像を、支援してもらった方々に知ってほしい――そうした和子の切実な思いが感じられたことも、私の背中を後押しした。

隠し子を知って別居へ

手紙の文面だけではわかりにくい箇所を説明する必要があるだろう。

まず、「隠し子」についてである。

〈八年前小沢の隠し子の存在が明らかになりました。●●●●●といい、もう二十才をすぎました〉とある。

これがまさに私が二〇一二年四月末に『週刊文春』で報じた男の子のことだ。テレビでレポーターの仕事などをしていた池田直美（仮名）という女性との間にできた健太郎（仮名）君である。この女性と、男の子を養子に出した経緯については後で詳しく触れる。

実は男の子がいることが明らかになった時期について、もう一通の手紙には、二〈九年前〉と書かれてあった。手紙が書かれたのが二〇一一年十一月とすれば、二〇〇二年から二〇〇三年にかけてのどこかの時点で、和子は隠し子の存在を知ったことになる。

奇《く》しくも私は前述した『週刊文春』の別居報道でこう書いていた。

「私には、和子が自身の名義で小沢邸敷地内に別棟を建てた〇二年頃を境に、小沢と和子が後戻りのできない程、冷え切った関係になったように見える。和子が水沢に姿を一切見せなくなるのもこの頃からだ」

そしてこの時期に、和子は大きな決断をしている。

小沢の元秘書三人が政治資金規正法違反で有罪判決を下された公判で、安田信託銀行（現みずほ信託銀行）の元女性嘱託職員が検察側証人として出廷したことがあった。その証言によれば〇二年三月、和子から電話でこう言われたという。

「現金を払い戻しするから、（深沢の）自宅に来て。私と息子の名義の預金を解約し、六千万を払い戻してもらいたい」

この時、その六千万円を自宅敷地内の別棟の建設費用に使うと和子は言っている。手紙を読んだ今から考えると、隠し子の存在を知った和子が、別居するために着々と準備を進めていたのだと考えられる。小沢のカネには頼らずに、自分と息子たちが住む「城」をつくろうとしたのではなかったのだろうか。登記簿によれば、和子名義の別棟が完成したのは〇二年十二月のことだ。

結婚前からつき合っていた若女将

また、小沢の隠し子を養子として預かった女性についても説明しておきたい。手紙では、〈私との結婚前からつき合っていた●●●●〉と書かれているが、この女性は小沢より四歳年下で、永田町の有名料亭の若女将だった裕子（仮名）のことである。これまで私は幾度も小沢と彼女の親密な仲について言及してきた。

小沢の元側近は、二人の関係についてこんな証言をしている。

「政治の重要局面になると、小沢先生が突然雲隠れするのは、永田町でよく知られている話ですが、そんな時でも小沢先生は週一回ほどのペースで裕子さんのマンションや料亭を訪れていました。そこで彼女を含めた何人かで麻雀に興じていたのです。先生の代理として和子さんが水沢で選挙活動に駆けずり回っていた最中でさえ、小沢先生は裕子さんのマンションに足繁く通うのをやめようとはしませんでした」

今も二人の関係は続いている。陸山会事件が起こってから、小沢支持者らが開いている勉強会があった。そこに出席するのはごく少人数で、陸山会事件について様々な角度から話し合われていたのだが、そこで熱心にメモを取る裕子の姿が目撃されている。

和子との結婚前から四十年以上も続いている不可思議な関係は知悉《ちしつ》したつもりでいたが、二人の間に〈一生毎月金銭を払う約束〉があったとは、まったく知らなかった。現在では二十歳を超えた健太郎君を、裕子は二歳半から預かっている。この間に、いったいどれだけのカネが裕子に渡されたのだろうか。

和子が手紙で触れている出来事が、実際の事実経緯と合っているか検証もした。

手紙には二〇一一年三月二十一日に、〈東京の水道は汚染されているので料理は買った水でやって下さい〉と書生が言いに来て、その二日後に東京都が乳幼児にはなるべく水道水を避けるように指示した、と書かれている。

東京都が「金町浄水場の水道水から一キロ当たり二百十ベクレルの放射性ヨウ素を検出」したと発表したのは、三月二十三日。きちんと符合している。彼女は日記など記録を付けていたのか、他の諸々の記述も日時などが正確に記されている。

〈二日遅れで届いた岩手日日には三月十五日国会議員六人が県庁に行き、知事と会談した〉とあるが、たしかに岩手日日新聞に該当する記事が載っていた。

長野に建設予定だという別荘についても現地で調べた。長野県蓼科《たてしな》の別荘地を訪れて地元の不動産業者に聞くと、震災以降、別荘を建てようとする客が増えているとのことだった。大地震が起きたときの避難場所としての需要だという。

長野県諏訪《すわ》地方事務所で、二〇一一年以降に提出された建築計画概要書を閲覧すると、和子の手紙にあったように「オフィス0」が建築主である物件がひとつ見つかった。同社を調べてみると、実質的には川島智太郎衆院議員（当時）の会社であることがわかった。川島は小沢の元秘書で、いまも側近の一人として数えられる人物だ。

この物件について川島に話を聞いた。

「あれは私の別荘にするんです。小沢さんがあの近辺で土地を探していると聞いたので、私も近くに別荘が建てられたらいいなと思って契約しました。仲里（貴行）秘書はその辺のことは詳しいので、色々アドバイスをもらいました。小沢さんはまだあの界隈で土地を探していると思いますよ」

一方、小沢事務所は「（別荘の件は）小沢とは全く無関係です」と回答するのみだ。

また、〈小沢は、数年前から京都から出馬したいと言い出しており〉という記述は、若干唐突な印象を受けるかもしれない。なぜ縁もゆかりもない京都から出馬するのか、という声も聞いた。

だが、小沢家の内情を知る関係者は、こう語っている。

「小沢さんは、一九九〇年代からずっと毎月のように京都に通っていました。新幹線で行くことが多いのですが、わざわざ秘書の運転する車で行ったこともあります。時には講演もしています。夜は馴染みの店で食事をしてから、決まって京都駅に直結している高級ホテルに泊まるんです。大阪など周辺の府県に出張したときでも、わざわざ京都に泊まることもありました。あまりにも京都入りする回数が多いので、『そんなに京都ばかりに行くのなら、京都から出馬しなさい！』と和子さんが怒ってしまったほどです」

震災のあと岩手の人々に手を差し伸べなかった小沢だが、それでもかつては故郷・岩手についてこんな発言をしていた。

「俺の青春時代は岩手だろうな、小石川も愉快だったけどね。これは田舎育ちの独善だと思うけど、東京で育つと、なんとなく郷里という意識がない。郷里というのは、帰ろうと帰るまいと、俺の郷里はあそこだという所があった方がいい。（略）俺も親と離れて生活したが、こんな生活は嫌だなんて思わなかったし、かえって田舎で育って良かったと思っている」（小田甫《はじめ》著『小沢一郎・全人像』一九九二年）

そして、その岩手を襲った東日本大震災の激震と大津波が、奇しくも小沢と和子の亀裂を露見させたのである。

第二章

被災者・黄川田徹の告白

小沢一郎が初めて被災地を訪問したのは、前述したように東日本大震災から十ヵ月経った二〇一二年一月三日のことだ。この年、初めておおやけに出る舞台として、小沢は岩手の三陸沿岸部を選んだのである。北から三陸海岸沿いに久慈・宮古・釜石・大船渡・陸前高田など駆け足で三陸を南下。各地で開いた民主党県連の緊急役員会に出席し、首長から要望書を受け取っている。

支援者たちの前で小沢は、

「今こそ『国民の生活が第一』の初心を思い起こさなければ」

とした上で、当時の野田佳彦《よしひこ》政権を暗に批判する演説を繰り返した。

「こんな非常事態でも、旧態依然の霞が関支配、従来と同じ予算配分が続いている。国会議員も含め、旧来の仕組みに頭が慣れてしまっていては、地域活性化はできない」

そして「おばんです」と東北弁で陸前高田の仮設住宅を訪問し、

「毎日不自由とは思いますが、もうひとつ頑張ってほしい」

と被災者たちに声をかけていた。

ただ、初心を忘れるなと言うのであれば、小沢こそ誰よりも早く沿岸部に足を運び、被災者たちの苦境に目を向けることができなかったものか。何より、被災した陸前高田や大船渡などの三陸沿岸南部は、中選挙区時代には小沢の選挙区（旧岩手二区）だったからである。

一九六八（昭和四十三）年に急逝した父・佐重喜の後を継ぎ、小沢は翌年に二十七歳の若さで初当選した。小沢自身が提唱した「政治改革」によって小選挙区比例代表並立制が導入されたのは一九九六（平成八）年の総選挙からだ。つまり、初当選から二十五年余にわたって三陸沿岸部の人々は政治家・小沢一郎を支えてきたことになる。

私は水沢の後援会のある古参幹部が震災後に呟いた言葉が脳裏から離れない。

「（岩手県の）内陸でも水沢は昔から、大船渡など沿岸の魚が一番新鮮なうちに食える所ど言われできたのす。大船渡がら水沢へは国道三九七号線の街道で北上山系の種山《たねやま》高原を越えれば遠ぐねえ。三陸は水沢にとって身近な漁場なのす。だがら、震災は決して他人事でねえ。その沿岸に足を運ぼうとしながった小沢への反感は尋常じゃあねえぞ」

本来なら十ヵ月も来なかったことを詫び、震災と津波の犠牲になった人々を悼む言葉を真っ先に口にするべきだったのではないか。そう思いながら、震災から二ヵ月後の私は二〇一一年の五月に取材で訪れた陸前高田の光景を思い起こしていた。

奇跡の一本松と瓦礫

陸前高田は住民の約八％にあたる約一千八百人が死亡・行方不明となった。市の中心部を流れて三陸海岸へとそそぐ気仙川の河口近くには、防潮林として約七万本の松が植えられていたが、大津波で根こそぎなぎ倒された。その中で一本だけ残った松が地元では「復興のシンボル」として保護されている。

しかし、そのすぐ裏手には、おびただしい瓦礫が延々と山積みになっていた。美談として語られる「奇跡の一本松」に隠れて、あまり報じられることのない一面である。大津波が過ぎ去った後の希望と苦悩が隣り合わせになっている、象徴的な光景だった。その瓦礫の山は、震災から二年たった今も、処理されたものは五割に満たない。

それでも小沢の来訪を仮設住宅の被災者たちは、自分の苦境を顔に出さず笑顔で迎え、写真を一緒に撮ってほしいとの声も絶えなかった。それは自分が腹を空かしていても、震災取材の記者にパンを分け与えた姿にも似ている。私は、我慢することこそが美徳だという東北人特有の気質を感じた。

震災当時の陸前高田市

だが当時、こんな本音が聞こえてきたのも、また事実である。

「なしてようやぐ今頃になって来るのが、わからねぇ。もっとも政治の力が欲しがった時に、小沢さんは来ず、おらだちは捨てられだのがと絶望していた。被災地に来だのは解散・総選挙が近いからでねぇが。被災地に足を運ばないどいう批判を払拭《ふっしょく》しだがっだんだべ」

その後に小沢が主導した政局の展開を考えると、この仮設住宅に住む老人の言葉は的を射ていたと言うしかない。この訪問から半年余り後、小沢は消費税増税法案に反対票を投じ、衆参合わせて四十八人の議員を引きつれて民主党に離党届を提出した（小沢らは後に除籍処分）。

そして七月十一日に小沢は新党「国民の生活が第一」を立ち上げたのである。

この頃、陸前高田を再び訪れた私に、かつて小沢支援者の一人だった五十代の婦人は、こう語っていた。

「和子さんは三陸の被災地が選挙区だった頃、こまめに家々さよく巡る人でなあ、人気があったんだ。被災地は津波で家族を亡くした人がたくさんいるから、家族のかけがえのなさはよくわかる。小沢さんは、ずいぶんど世話になった奥さんに、『何もしていないのにうぬぼれるな』なんて、よくもそんだなことが言えだな」

この婦人は、和子の手紙に書いてあった〈「お前に選挙を手つだってもらった覚えはない。何もしていないのにうぬぼれるな」〉という言葉を、小沢が妻に浴びせたことを憤《いきどお》っているのだった。

和子の手紙を読むと、小沢を見限ったのは大震災に際して自己保身に走った姿に絶望したが故ということがよくわかる。愛人や隠し子の存在は彼女の心に重くのしかかっていたが、それは我慢し耐え忍ぶことで、和子は自分の気持ちにかろうじて折り合いをつけていた。

いざという時は、国や郷里の為に役立つかもしれない、と一縷《いちる》の望みを小沢に託していたからにほかならない。しかし、大震災での小沢の姿は和子のかすかな期待さえも裏切った。

何よりも和子は、自らが駆けずりまわり、頭を下げ続けた岩手の人々の苦境と惨状を小沢がまったく顧みなかったことに、心が打ち砕かれたのだ。

津波で肉親を失った国会議員

旧岩手二区は小選挙区制の導入によって、小沢の地盤である四区（奥州市、北上市、花巻市など）と、沿岸部の三区（大船渡市、陸前高田市、釜石市、一関市など）に分かれた。三区の衆院議員は黄川田《きかわだ》徹だ。彼は津波で妻・長男・妻の両親、そして秘書の五人をいちどに失った。震災で肉親を亡くした唯一の国会議員である。そうした経緯から黄川田は、東日本大震災復興特別委員会委員長や総務副大臣を歴任し、復興に力を尽くしてきた。

黄川田の出身地は岩手県気仙郡広田町（現陸前高田市）。長年陸前高田市の職員を務めていたが、一九九五年に小沢の率いる新進党から県議選に出馬して初当選。二〇〇〇年には自由党から国政に進出。小沢の隣の岩手三区から出馬し、震災までに四期連続当選を果たしている。

だが、小沢が民主党を離れたとき、黄川田は行動をともにすることはなかった。十五年以上も同じ道を歩んできたのにもかかわらず、だ。

そんな彼が、小沢夫妻をどのように見てきたのか、震災後の小沢の言動をどのように考えているのか、是非会って聞いてみたかった。そう思い、津波で自宅が流され、陸前高田の仮設住宅に住む黄川田を私が訪ね始めたのは、二〇一二年の七月だった。

当初、黄川田は「そういう話をするときではないから」と取材を頑なに拒んだ。

黄川田の家族が眠る墓園は、荒涼とした更地に化した市の中心部から雑木林の中のなだらかな坂道をのぼった光照寺にあった。紫陽花《あじさい》の寄り添う墓前に足を運び、合掌した。境内のしんとした静けさは、大津波で帰らぬこととなった人々の無念を伝えているようだった。

土砂降りの朝、彼がひとり週末を過ごす仮設住宅の前の駐車場で待ち、話を聞かせてほしいと申し入れもした。小沢グループに属していた彼にとって、和子の「離縁状」を公開した私は警戒すべき存在だったのかもしれない。

だが、早朝仮設住宅から出てきた黄川田は取材を拒みながらもふと足を止めて、

「君の書いていることは間違っていないよ」

と言い残すだけだった。

黄川田徹

そして小沢は民主党を離れ、七月下旬にはそれまで小沢が務めていた民主党県連代表の座に黄川田が就いた。

ようやく小沢と袂を分かつことに意を決したのである。

インタビューを承諾してもらったのは、そんな七月末のことだった。

東京都内のホテルで待っていた私を前に、背広姿の黄川田はゆっくりと語りはじめた。

「あの大震災の翌日、小沢先生の奥さん（和子）から、すぐに議員会館の事務所に電話をいただいたんです。とても心配してくださっていました。そもそも、私の選挙区（岩手三区）の一部は、中選挙区時代の小沢先生の地盤です。小沢先生が選挙区に入ることはめったにありませんが、奥さん（和子夫人）には選挙の際に随分と助けられました。

私は陸前高田市の出身ですが、地元の陸前高田の他に、一関市にも事務所を持っています。これも奥さんの助言で作ったものです。地盤固めをするには、一関にも事務所があったほうがいいと言われたんです。

最初の選挙ポスターは、『黄川田徹』と漢字のものを作りました。でも、『このあたりには珍しい苗字だから、漢字では読めない』と言われて、すぐ『きかわだ徹』

と直したんです。これも奥さんの助言です。うちの家内も小沢先生の奥さんのアドバイスを受け止めて、銃後の守りを徹底してくれました。そうするうちに地元では『黄川田さんは来なくていいよ。奥さんが来てくれているから』と、言ってもらえるほどになったんです」

震災当日、黄川田は午後三時四十分の東北新幹線で地元に帰る予定だった。そろそろ議員会館を出ようとしていた二時四十六分、大きな揺れが襲った。すぐに自宅に電話をすると、運良くつながり、妻は落ち着いた様子で、「家は大丈夫だけど、本が落ちてめちゃくちゃになっている」と話していた。

「津波に気をつけろ。避難場所で皆さんのお世話をしてくれ」

こう伝えると黄川田は電話を切った。

それ以降、何度電話してもつながることはなかった。

黄川田が岩手に入ったのは四日後の三月十五日だ。岩手県選出の国会議員たちと岩手県庁に立ち寄ったあと、自宅のある陸前高田に向かった。山あいの高台から自宅のあるほうを見ると、一帯が跡形もなく津波に流されていた。

地元の人たちに聞いたところでは、秘書が、長男と妻、妻の両親を車に乗せて避難したという。しかし幹線道路で渋滞にはまり、あと百メートル進んでいれば、というところで津波にさらわれたことがわかった。

和子からお悔やみの手紙

「震災から一週間後、まず息子の遺体が発見されたと連絡がありました。その一週間後に車の中でシートベルトをしたままの姿でお袋が、そして親父は知らないうちに茶毘《だび》に付されていました。後から歯型で親父だと確認できたんです。七月下旬には家内も広田湾から引き揚げられていました。八月中旬になってから、DNA鑑定で本人だとわかったんです。

ようやく四人の遺体がそろい、初盆を迎えられるという頃に奥さんから手紙が来たんです。便箋二枚の手紙をいただきました。香典も添えてくださって。

震災前の十二月にも奥さんと家内は会っていたので、『こないだの十二月にもお会いして元気なお顔を見ていたのに、みんないなくなってしまい、黄川田さんも大変だと思います』というお悔やみの言葉が書かれていました。『でも一生懸命、復旧、復興をやっているというのは、地元からも聞いています。全力を尽くしてください』ともありました。

うちの家内は、少なくとも年に三、四回は奥さんを訪ねて、お会いしていたと思います。お歳暮、お中元というわけではありませんが、夏のウニの口開けの時季にはウニ、冬になればアワビを持って、東京・深沢（小沢の自宅）のお宅を訪ねたりしていました。

離婚したことが書かれていた手紙の文字は、私が昨年夏にいただいた、お悔やみの二枚の手紙と同じ筆跡です。『おります』とか、『苦労』『岩手』などの書き方も特徴があり、見れば奥さんの文字だとすぐにわかりました。私へのお悔やみの手紙まで、誰か別の人が書いたなんて、ありえないでしょう。

奥さんには本当にお世話になりました。うちの家内は地元のパーティーなどで、『国会議員の奥さんだからといって、スカートなんかはいて来賓席に座っているのではなく、玄関で下足番をやるように』と教えられました。奥さんはその言葉通りの方で、パーティーが終わると、会場の玄関先で最後まで全員と握手をされる。それで腱鞘炎《けんしょうえん》になったこともありました。あそこまでやっていらした奥さんが、ああいう手紙を出されるとは……。

一周忌には、お花を私の事務所に送ってくださいました。本当にお気遣いをいただいています。深沢に別棟（「離縁状」に隠し子の存在が判明してから和子が建てたとあった小沢邸敷地内の別棟のこと）ができてからは、家内も行きにくくなったようで、ご自宅ではなく銀座などでお会いしていたようです。家内が生きていれば、きっと奥さんとお話ししたいことがいろいろあったでしょうね」

黄川田の話からも、和子の心がつねに被災地にあったことがうかがえる。

だが震災後、政権を担っていた民主党は岩手でも分裂する有り様だった。

その分岐点は、二〇一二年の三月末。野田内閣が消費税増税法案を閣議決定したことに反発して、当時十数名いた小沢グループの副大臣、政務官が一斉に辞任する動きが起きたのである。

「岩手の議員で方向性を一つにしてほしい」

小沢は黄川田にも総務副大臣を辞めるように迫った。

三月三十日、政府内での小沢系議員のとりまとめ役だった牧義夫《まきよしお》（当時厚生労働副大臣）の部屋に、森ゆうこ（当時文部科学副大臣）らが集まって、辞任の意志を確認しあっていた。

「仮設住宅に線香を」

だが、その場に黄川田の姿はなかった。

「仮設住宅に線香をあげに来てもらえませんか」

黄川田は辞任するにあたって、ある条件を小沢に突きつけていたのである。

つまり、それまで小沢は黄川田のところに線香をあげに行っていなかったのだ。

これは私にとって少なからず驚きだった。なぜなら、黄川田家と小沢家の縁は先代の小沢佐重喜時代から続いているものだからだ。

黄川田自身は婿養子だが、妻の祖父である黄川田源吉（元陸前高田市議会議長）は佐重喜の代からの支援者である。一郎の代になっても源吉は後援会の古参幹部で、佐重喜が亡くなった時には、後継者は息子の一郎にすべきだと声をあげ、東京まで話をつけに行ったという一人だ。

『小沢一郎・全人像』によると、当時、母親のみちは小沢の出馬に逡巡しつつも、源吉にこう打ち明けている。

黄川田「奥さんも選挙がなくなって、楽になったでしょう」
みち「実は、そのことで相談したくって……。一郎が日大の大学院に行ってるんだけど、来年、選挙があるんで、出したいと思うんだけど」
黄川田「そうなったら、大変でがすぞ」
みち「私、主人と一緒になってから、車坂を一軒一軒回った。水沢も一軒一軒回った。同じ苦労をさせるんなら、主人と同じ苦労をさせた方がいいと思います」
黄川田「奥さん、わしらの方に異存はない」
みち「私も二、三人、水沢の人と話してみたが、異存はないようでした」
黄川田「奥さん、二、三人じゃ駄目だ、もっと大勢の話を聞かなければ」

そんな恩義のある黄川田家に、震災から一年以上経っても小沢が線香をあげに行っていない事実そのものが、信じ難かったのである。

最後に黄川田に言われた二日後の四月一日、小沢は陸前高田の仮設住宅に駆けつけた。狭い部屋には家族四人の戒名が記された位牌と遺影、そして妻の遺骨が小さな骨壺におさめられ、ひっそりと祭壇に祀《まつ》られていた。

黄川田はどんな思いで小沢に「線香をあげに来てほしい」と言ったのだろうか。

「あれは別に、私の家族のために線香をあげに来てほしいと言ったのではありません。被災者と被災地にきちんと正面から向き合ってほしいという意味を込めて、仮設住宅に足を運んで線香をあげてほしいと申し上げたのです。

去年（二〇一一年）の六月に菅直人総理に対する菅降ろしがありましたね。あの前から、深沢に小沢グループが集まっては、様々な話し合いが行われました。それが、いつの間にか倒閣運動のようになっていった。流れは奥さんの手紙に書いてあった通りです（和子の手紙には、〈四月に入ってからも家に閉じこもり、連日、夜若手議員を集めて酒を飲みながら菅内閣打倒計画をたて始めました〉とあった）。

そうした自宅での集まりの際も、小沢先生から特に私への言葉はありませんでした。私への言葉云々《うんぬん》はどうでもいいにしても、大事なのは被災地への言葉です。今までの一年四ヵ月の間、小沢先生が被災地に関して言葉を発したことがありますか？被災地の死者・行方不明者は約一万八千八百人。岩手では五千九百人です（当時）。小沢先生がこうした人々のために何をするとか、復旧をどうするとか話したことがありますか？

原発事故に関して言及されているぐらいでしょう。

岩手県では今も一千二百九人の行方不明者がいます。仮設住宅に暮らす人もまだ多い。

自分の足元を見る議員ならば、地元が苦しみを味わっている中で、それをどうやって解消するか、いま国会議員のやるべき仕事は何なのか、そういう方向に話が進むはずなのに、そうではなかった。

結局、深沢では政局の話ばかりで、被災地対策でこれをやろうなどという話は一切ありませんでした。震災後、小沢先生が十ヵ月間、被災地に入らなかったのも、みなさんご承知の通りです。

ですから、私はもっと被災地に正面から向き合ってほしいという思いで、仮設住宅に来て線香をあげてもらうことを、副大臣辞任の条件にしたのです。

もともと、総務副大臣として復興にかかわるのは、私には大変やりがいのある仕事でした。被災地への様々な補助金制度や復興のための特別交付税などをつくり、四月一日からは、いよいよそれを執行しようというタイミングで、辞めることになってしまった。

小沢先生とはこの十年、一対一で話したことは三十分もなかったのですが、あの時は四十分ぐらい話しました。普通なら、被災地はどうなっているのか、私が地元で何をしているのか、などという話が出るでしょうが、そういう話も一切なかった。

小沢先生は『今の内閣は、選挙で約束したこととかけ離れている。政策面でもう一度正さなければいけない』という立場でした。私は、その日がまだ『いざ、鎌倉へ』ではないと思い、そう伝えました。集団辞任に具体的なシナリオがあったわけでもありません。第一陣で誰と誰が辞めて野田政権にメッセージを送り、第二陣はどうする、といったものもない。ただ法案が閣議決定されて面白くないから辞めろ、というような雰囲気でした。

小沢先生が大きな理念、政策を掲げて、誰にも真似できないことをこれまでやってこられたのは事実です。ただ、今の岩手は、東北は、平時ではなく有事の時です。その足元をきちんとするのも、国会議員の仕事の両輪の一つでしょう。その部分をぜひ、もっと言葉に出してもらいたかった。

陸前高田市で行われた一周忌の合同追悼式の際もそうでした。会場には一千脚近くの椅子が用意されていましたが、入りきれずに外で待っていた人は四千人ぐらいいました。小沢先生はその場で献花を済ませると、すぐ会場を後にされましたが、あそこで『俺も東北の人間だ、復興のために頑張る』と一言、言ってもらえたら、みんな心強かったはずです。達増拓也知事や岩手県連幹事長と話すばかりでなく、被災者一人一人にメッセージを出してほしい、と思い続けてきました」

黄川田自身が「父親代わり」と公言する陸前高田在住の伊藤勲次も、佐重喜の代からの小沢支援者だ。その伊藤は小沢が線香をあげに来た際に同席している。そのとき、小沢にこう迫ったという。

「(黄川田)徹が副大臣になってみんな喜んでいた。辞めねばならないとはどういうことだ。この落とし前はどうつけるんだ。徹が仕事できるように対処してくれ」

小沢は「わかった」と言うだけで、あとは黙ってしまった。

その伊藤は二〇一五年二月、八十六歳で亡くなっている。

にわかには信じ難いことだが、民主党岩手県連は二〇一二年六月、黄川田に反省を促す文書を出そうとしていたのだという。県連関係者が、その画策の内情を明かしてくれた。

「六月中旬のことです。小沢さんが仮設住宅にまで行って線香をあげてくれたのに、黄川田はいまだに副大臣を辞めたくなかったなどとゴタゴタ言っているようだから、『最後通告』を出そうという人たちが執行部にいたんです。結局は、『被災者として苦しんだ黄川田にそこまでやるのか』という反対意見が相次ぎ、取りやめになりましたが」

「俺に弓を引くのか！」

そして、六月末に消費税増税法案で反対票を投じた小沢は、グループ議員をつれて民主党を離党。一方の黄川田は法案の採決を棄権して民主党に残ることになった。

これは、どういう経緯による選択だったのか、黄川田に聞いた。

「私は少なくとも三月までは総務副大臣として法案を作った人間の一人でしたから、反対はできなかった。反対は反対で自分の首を斬るようなものです。ただ、草鞋《わらじ》にたとえれば、私の一足は副大臣、もう一足は被災者です。被災者の目線で見れば、たとえば数年後、仮設住宅から出て新居を買いたいという人のために、消費税の軽減措置もパッケージで出さないとダメだと考えていましたが、三党合意ではそうはなっていなかった。議員定数削減も先送りされ、これで果たして被災者の方に対して、国会議員が身を切ったといえるのか、疑問が残りました。

そうしたことから、もろ手を挙げて賛成するわけにはいかなかったんです。

ただ、私の中で一番強かったのは、この法案採決を政局にして民主党を分裂させるようなことをしてはいけない、という思いでした。

もちろん、民主党のマニフェストから政策がかけ離れていくことには忸怩《じくじ》たる思いがありました。だからこそ、今度の九月の代表選で我々が政策を掲げ、それが国民の皆さんに理解、支持されれば、党内から民主党を変えていくことができると思っていたのです。そのために、小沢先生は『新しい政策研究会』を立ち上げたはずです。そこで、九月に向けて政策に磨《みが》きをかけるのが大前提でした。

法案採決の前、ホテルにグループが集まった際、一人一人、小沢先生に呼ばれ、離党届を書くように言われました。その時に私は、『地元の皆さんと相談したいので、保留させてください』とサインをしなかった。そこから、私は出入り禁止のような状態になりました。

というのも、採決直前に岩手選出の議員四人で、小沢先生に離党を踏みとどまってもらうよう、意見書を手渡しに行こうとしたのですが、私だけは『来なくていい』と言われたのです。

階猛《しなたけし》衆院議員（岩手一区）、畑浩治《はたこうじ》衆院議員（岩手二区）、主濱了《しゅはまりょう》参院議員の三人で渡しに行ったペーパーには、もし離党する場合には、事前に岩手県連に諮《はか》ってほしい、という旨が書かれていました。

私たちの思いは、岩手を一本化して復興のためにまとまって行動しようということでした。もし離党するなら、県連の総務会などを開き、きちんと説明してからにしてほしいと申し入れたのです。そうした当たり前のことを、これまでの小沢先生はすべて省略し、鶴の一声でこれまで新進党、自由党、民主党とやってきましたから。

岩手県の風通しを良くし、これからは『広く会議を興し万機公論に決すべし』でやっていこうという意思表示だったのですが、それを聞いた小沢先生は『俺に弓を引くのか！』と怒ってしまいました。

それにしても、昨年六月の菅降ろしに続いて、この六月もいつの間にか政局になってしまった。震災から一年が経ったにもかかわらず、また政局になってしまったことで、もう小沢先生についていけないと思ったのも事実です。

これまで長く、小沢先生の後ろ姿を見てきました。二大政党制の確立という目標を掲げてきて、せっかく実現させたのに、それをなぜまた解体しないといけないのでしょうか。

『健全な民主主義をつくるんだ』と、小沢先生は一貫して言ってこられた。みんなで汗をかいて、せっかく政権交代したのだから、九月の代表選で堂々と政策を訴え、未熟な民主党を中から立て直すのが小沢先生の本来あるべき姿だったはずです。

最初は小沢先生も同じ考えだったはずなのに、だんだんと周囲の茶坊主たちが暴走し、おかしくなってしまった。本当に残念です。政局はもういい。私は足元の復旧・復興に全力で取り組むだけです」

その後、階猛は一度は離党届を書かされながらも、撤回して民主党に残った。畑浩治は「ノイローゼ気味になっている」（同僚議員）と言われるほど、悩みに悩んだ末に離党した。他の岩手選出議員はどうしたかというと、平野達男前東日本大震災総括担当相（参院）は民主党に残り、このとき離党したのは菊池長右ェ門（衆院比例）、主濱了（参院）、藤原良信《よしのぶ》（参院比例）。県内八議員で、小沢についていったのは四人だった。

「小沢王国」と呼ばれて久しい岩手において、小沢の大号令があったにもかかわらず、議員の間で足並みが揃わなかったことは、前代未聞の事態である。

「小沢王国」の亀裂

「国民の生活が第一」を立ち上げた小沢だったが、そこに参加するか否かで、岩手県議たちも割れた。二十三人中、新党に入ったのは十人で、残り十三人は民主党に残ったのである。

民主党に残ることを決断したある岩手県議は、その心境をこう語る。

「岩手県連はつねに小沢の意向で動いで来ました。具体的な指示がない場合でも、執行部が小沢の意向を忖度《そんたく》してきだんです。だいたい、震災で奥さんや子供を亡くした黄川田さんが、副大臣の仕事を取り上げるなんて、人として許されることではない。本来なら、小沢さんは『一生懸命に頑張っていこう』と励ますべき立場にいるはずの人でしょう。和子さんの手紙も読んで、あらためて小沢という人間の器の小ささがわがり、とってもついていけねえと確信したからです」

大震災と被災地への姿勢によって生じた「小沢王国」の亀裂。それは和子が手紙に託した思いとも重なるものかもしれない。

さらに小沢後援会の内部でも、その余波は断層として現れていた。小沢の地元の奥州市には五つの後援会があるのだが、そのうち水沢区の隣の前沢区と江刺区の二つの後援会で会長が辞任を表明していたのである。

前沢後援会の会長は、辞任の理由を明かした。

「大船渡や陸前高田には佐重喜さんの時代から、ひとかたならぬ世話になった人が大勢いるところ。小沢は、何をさておいてもそこに駆けつけなきゃならない人でしょ。でも、放射能が怖いからといって逃げている、と和子さんは手紙に書いていた。私らから見てはっきりしているのは、長い間、小沢が被災地に行かなかったという事実だ。その事実は消せねぇ」

一方、江刺後援会の会長は幹部たちに自身の辞任の理由を綴った手紙を送っている。

「先生への信頼が離れてきている自分の気持ちを抑えることができない」

雪のなか私が彼の自宅を訪ねると、寒い玄関先でぽつりと語った。

「和子さんの手紙が影響していないと言ったら嘘になる。小沢先生は被災地に行かないだけでない。何かやってでくれると期待してだのに、してくれなかっだ」

玄関先には小沢の顔が大きく写ったポスターが貼られていた。ふと、私がそれに視線を向けると、「これは剝がさなきゃな」と彼はボソッと呟いた。

津波によって露になった小沢夫妻の亀裂が、「小沢王国」の崩壊のきっかけになりつつあるのかもしれない。そう思うにつけても、つくづく和子の半生に思いを馳せざるを得なかった。

第三章

小沢一郎に嫁いで

「子供たちは、みんな家を出ています。私はいま、次男と一緒に住んでいるの」

二〇一二年一月、和子は都内で古くからの知人たちに会い、小沢と別居していることを明かした。実はその二ヵ月ほど前、和子は支援者らに手紙を送って別居や離婚のことを告げている。

知人らが上京し、和子と会うのは久しぶりのことだった。和子のふりまく笑顔は昔の面影そのものだったが、同席した一人は言葉の端々に小沢家の異変を感じずにはいられなかったという。

「九年前に弟が突然亡くなってから、気持ちが塞《ふさ》いで、臥《ふ》せったようになってしまって……。一時は体重が十二キロも落ちたのよ」

このときばかりは、和子は表情を曇らせた。

和子の実家は新潟市に本社を置く中堅ゼネコンの福田組である。創業は一九〇二年。父は四代目社長の福田正だ。弟とは、四歳年下で五代目社長の実のことである。彼が食道がんで急逝したのは二〇〇三年三月。まだ五十四歳だった。名誉会長だった父の正が九十三歳で死去したのが、長男・実の死より六年後の二〇〇九年十月のことだ。和子は父よりも先に弟を失ったのである。

たしかに和子はこの十年ほど、岩手の水沢にぷっつりと姿を現さなくなっていた。それ以前は年に何度となく水沢へ通い、「小沢一郎の代理」として地盤を必死で支えてきたにもかかわらずである。このときの和子の様子から、知人たちには、なにものにも代えがたい弟の死による心労で水沢に足を運べなくなった、と言っているかのようにも聞こえた。

「水和会」の分裂

震災のために延期になっていた岩手県議会選挙が行われたのは二〇一一年九月だ。その結果、全国で民主党は議席を減らし、改選前に確保していた過半数を割った。しかも、被災地の久慈、陸前高田など三陸沿岸部では民主党の現職、新人候補が相次いで落選していた。唯一、民主党候補五人全員が当選したのが、小沢の地元である奥州市だった。

ところが、ここでも今までならあり得ない異変が起きていた。

しかもその舞台は、小沢後援会の主力部隊である「水和会」だった。水沢と和子から一字ずつとったこの会が発足したのは、和子が小沢と結婚し、水沢に居を移して間もない頃だったという。一字をとっていることからもわかるように、もともとは和子を囲む婦人たちの会なのだが、どの政治家の後援会でも同じように、結束の固い婦人部ほど選挙で頼りになる組織はない。かつては一千名を超える会員を擁《よう》した「水和会」は、選挙では和子を中心にしてフル稼働してきた。

前述の県議選では、その水和会会長を長らく務めてきたベテランの女性県議（当時六十四歳）が厳しい戦いを強いられ、次点と僅差の最下位でようやく当選という憂き目にあったのである。小沢後援会の古参幹部が言うには、理由は次のとおりだった。

「ことの始まりは水沢の小沢後援会の分裂だった。なぜか後援会の一部が小沢先生の実家近くに住む岩手県議（四十六歳、現在二期目）に肩入れし、女性県議の追い落としを仕掛けだんです。背後には小沢先生の指示があったとも囁かれている。水和会の会長だから、和子さんとの関係がら小沢先生から煙たがられだのかもしれない。当然、水和会も分裂した。この女性県議に弓を引くのは、和子さんに弓を引くのも同然のこと。もう後援会がひとつにまとまることはねえ。遺恨《いこん》だけが残ってしまっだ」

知人らは和子に、水和会が分裂してその女性県議が昨年の選挙で窮地に立たされたことを詳しく伝えた。

「水和会がそんなことになっていたなんて知らなかった」

和子は驚き、うっすらと涙を浮かべていた。

「知らなかったとはいえ、本当に申し訳ないことをした。つらかったでしょうね……」

そんな和子に知人らは尋ねた。

「和子さんがこの先も水沢に来ることがないなら、水和会の存続は危うくなる。近く解散することになるかもしれませんが、それでもいいですか」

迷いのないはっきりとした口調で、和子はこう答えたという。

「いいですよ。私はもう水沢に行くことはないのですから」

この言葉は知人らを驚かせ、さらに落胆させた。和子が水沢に来ないということは、もはや「小沢の代理」として選挙を戦うつもりがないということだからだ。同時に、三人の息子の誰かに小沢の後を継がせる気持ちがないことも意味していた。

「和子さんの心は、小沢さんから完全に離れている」

知人の一人は、そう思わざるを得なかったと振り返った。

この頃には、永田町で小沢夫妻の別居・離婚説が取り沙汰《ざた》されていたが、長いこと選挙での和子の献身ぶりを間近で見てきた知人らにとっては信じ難い話だった。とはいえ和子が漏らした言葉の端々から、小沢夫妻に何かが起きていることだけは認めざるを得なかったという。

それから約三ヵ月後、水和会は解散する方針を決めた。

政略結婚

小沢一郎が和子と結婚したのは、初当選してから四年後の一九七三（昭和四十八）年十月二十九日のことだ。小沢三十一歳、和子二十九歳の時である。

和子は二男三女の長女として生まれ、上智大学を卒業後、実家で家事手伝いをしていた。父は新潟の中堅ゼネコン「福田組」の社長にして、田中角栄の後援会「越山会」の大幹部である。党人派の角栄が、大臣、総理と、権力の階段を一気にのし上がっていくのに歩調を合わせ、福田組も会社を急成長させてきた。

小沢には当時、秘かに結婚を考えていた女性がいた。赤坂と永田町に門を構えていた料亭の若女将・裕子である。その料亭は場所柄もあって客の大半が政治家筋で、九八年に閉店するまでは、大げさではなく、日本の進路も利権の分配先もここで決められていたと言われるほどの料亭政治の裏舞台だった。なかでも贔屓《ひいき》にしていたのが小沢の師匠である角栄だ。角栄の秘蔵っ子の小沢が馴染み客になるのに、さほど時間はかからなかった。

料亭はもともと赤坂のほうが発祥の地だった。裕子が若女将として仕切っていた永田町の店舗ができたのは後のことである。角栄が通っていたのは赤坂だ。永田町の料亭にはあまり出入りせず、小沢を始め、橋本龍太郎、村岡兼造といった田中派の若手が遊ぶ場所として使わせていたのだという。そこで当選間もない小沢は裕子と知り合ったわけだが、永田町の料亭がもっぱら「小沢一郎の店」と派内で目されるようになると、敬遠する政治家も出ていた。

裕子は料亭のオーナーが再婚した女性の連れ子だった。彼女は都内の私立大学を卒業してまもなく同級生と結婚したが、一年ほどで別れて若女将になり、帳場も任されていた。小沢より四歳年下。この年代の女性としては背が高く、ほっそりとした痩せ型で、目元が涼しげな美人である。オーナーが赤坂や六本木などに出していた中華や日本料理の店のほかに、ダンスホールなどの経営も任せられており、事業家としての才覚も持ち合わせていた。

また、田中派の国会議員らと麻雀の卓を頻繁に囲み、田中派が竹下派（経世会）に分裂してからも、この関係は変わることなく続いた。

旧竹下派の古参秘書が当時を思い返す。

「裕子たちはずいぶんと高いレートで賭け麻雀をやっていました。一時期、金丸信さん（自民党元副総裁）が自宅で賭け麻雀をやっていると騒がれましたが、そのルーツはここにあったんですよ。裕子は負けん気が強く、帳場を任せられていただけあって、カネ回りがよかった。だからカネのない国会議員は裕子に小遣いを借りたり、ただで飲み食いをさせてもらっていました。若いけど頼りになる存在だから、いつも議員連中からちやほやされていたんです」

この古参秘書は、「ただし……」と断った上で、こう続けた。

「金丸さんがそうであったように、裕子も麻雀を介して人間関係を深めて、竹下派の有力議員たちに食い込んでいましたよ。政治の裏舞台もずいぶん見たはずです。そもそも、裕子は男にちやほやされていい気になるようなタマではない。味方にしておけばいいが、敵に回したら非常に怖い存在だったでしょうね」

そんな裕子と小沢は不思議と相性が合ったようだ。今からは想像もつかないが、二十七歳で初当選したころの小沢は「岩手のコグマちゃん」と親しまれていた。東北人特有の口数が少なく大人びて落ち着いた雰囲気だが、初当選組では最年少で可愛らしい素顔も見せる。そんなところから仲間内でついた愛称だった。裕子は若い政治家たちからも人気があったが、じきに小沢は「裕子と所帯を持ちたい」と周囲に漏らすようになっていた。

角栄は裕子との結婚に反対

二人の親密な仲を知った料亭のオーナーは、面と向かって裕子を妻に欲しいと言わない小沢に苛立《いらだ》ちながらも、なんとか二人が所帯を持てないかと角栄に掛け合ったことがある。

かつて私の取材に対して、オーナーはこう答えた。

「角さんは、決して首を縦に振ろうとしないんだ。手を左右に振りながら、『いやいや、一郎だけは困る。俺の立つ瀬がなくなるじゃないか』と言うんだな」

というのも、角栄はすでに小沢を福田組の社長令嬢である和子と一緒にさせる腹づもりだったからである。師匠がお膳立てする政略結婚であるだけに、小沢は裕子と結婚したいという想いを断ち切らざるを得なかった。

小沢と和子の結婚後、福田組の次女・雅子は竹下登元首相の異母弟である竹下亘（衆院議員）と結婚した。また、金丸信の長男・康信は竹下登の長女・一子を妻に迎え入れている。こうして和子を結び目に、田中派を源流とする政治家たちの血脈がつくられていったのである。

小沢の母・みちは裕子との結婚には強く反対していた。

「おふくろが、『政治家が料亭の娘などと一緒になるものではありません。絶対に許しませんよ』と言って、きかないんだ」

小沢はこう知人にこぼしている。当時、みちは地元の水沢で選挙地盤を固めるため、支援者たちをまわる日々だった。小沢の父・佐重喜の代から地元まわりはみちの担当であり、「日常坐臥《ざが》、これ選挙」という女性だった。

「あまり派手な女性はダメだし、政治に関心がないのもダメ」

みちは一郎の結婚相手の条件として、地元の支援者たちにそう話していた。

三十年以上も角栄を支え続け、「越山会の女王」と呼ばれ角栄の愛人にして金庫番だった佐藤昭子は、小沢と和子の見合いに仲人《なこうど》役として同席したときのことを書き残している（『新潮45』別冊「小沢一郎」研究、二〇一〇年四月号）。

大学時代から何度か見合いをしたようだが、当時としては和子の婚期は遅れ気味だった。

そこで角栄は昭子に、

「お前、早く取り持てよ」

と急かしたという。

「見合いして早く結婚しなさいよ」

昭子からそう言われて、小沢はこう返した。

「見合いなんかいいよ。おやじ(角栄)がもらえって言えば、猫でも犬でももらわなきゃいけないんだから」

都内のホテルで見合いをしたが、お決まりの「あとは若い二人で……」という時間もなかったようだ。

和子は小沢に対して「素朴な人」との印象をもったものの、

「人間としてはついていけますが、政治家の妻として苦労するのはどうも……」

と断るつもりだったという。

なんとしても二人を結婚させたかった角栄は、和子にこう説いたという。

「苦労はどこにいってもある。同じ苦労なら、苦労しがいのある苦労をしろ」

角栄は早々と結婚式の日取りまで決めてしまった。

結婚してしばらく後、小沢は笑いながらこんな冗談を昭子に語ったのだという。

「ママ（昭子のこと）とおやじさんの仲人口にだまされたよ。持参金をいっぱい持ってくるという話だったのに、全然そうじゃなかった」

このときはたしかに冗談だったはずだ。福田組は陰に陽に小沢の選挙を支援していたからだ。それが結婚から数十年を経て、次のような言葉が投げつけられるとは、和子ですら想像だにしていなかったろう。

〈誰れでもいいから金のある女と結婚することにしたところが、たまたま田中角栄先生が紹介したから私と結婚したというのです〉（和子の手紙）

角栄の元秘書は、それが小沢の本音だろうとしつつ、こう語った。

「オヤジは和子を娶らせることで、ろくな資産もない小沢に福田組というスポンサーをつけてやったんです。福田組もそれに応えた。小沢だけじゃない。竹下登の異母弟の亘は和子の妹と所帯を持ったが、それを縁に福田組は、島根の竹下兄弟の面倒も見ていくんです」

式場に押しかけてきた裕子

小沢の結婚式は東京・紀尾井町のホテルニューオータニで催された。七十二歳のみちの横には、五十五歳の角栄が父親がわりとして座っていた。時の総理大臣が親代わりとして来賓客たちに挨拶していたのである。仲人をかって出たのは二階堂進夫妻だった。

この結婚式では今も語り草となっている逸話がある。

小沢と所帯を持つことがかなわなかった若女将の裕子が式場に押しかけてきたのだった。そして、出席していた若手議員らをしきりに麻雀に誘っていた。

しかもその麻雀の席に、式を終えた小沢が顔を出している。一緒に雀卓を囲んだ一人が心配し、「帰らなくてもいいのか」と小沢に聞いた。

「いいんだよ。最初が肝心だから」

そう言って小沢は取り合わなかったという。結局、裕子たちとの麻雀は朝方まで続いた。

裕子は結婚式当日から小沢と和子の関係に危うい影を落としていたのである。

和子の父・福田正は挙式の後、わざわざ水沢に足を運んでいる。和子を連れて主な後援者の家をまわるためだ。

「娘のことをよろしく頼みます」

ひたすら頭を下げていた福田の姿を後援会の古老らは覚えていた。

小沢は和子を東京ではなく、みちのいる水沢の実家に住まわせた。一方で自分は、結婚したからといって裕子のいる料亭に通うのをやめたわけではなかった。

選挙の神様

玄関に「小沢一郎」と表札が掲げられた水沢の実家は、雨露で黒ずんだ板塀で囲まれた木造二階建てだ。一階は三間に分かれていた。奥は仏間のおかれた居間で、そこに隣接して夫婦の別間が増築された。冬はどこからともなくすきま風の入る寒い部屋だった。

みちは夫の佐重喜の時代から、一年中選挙をやっているような人だった。

「あそごの家にまだ行ってない。あそごの家が、おろそがになっでいる」

後援会の幹部に会えば、みちは指で数えて口癖のように言っていた。

「一郎のごど、よろすく頼むあんす」

外で人に会えば何度も膝を折り曲げて頭を下げる。みちは千葉県の出身だが、佐重喜と結婚してからというもの、水沢の人々はみちの岩手訛《なま》りしか聞いたことがないという。

「たいもん（大物）さ、みちさんは」

その姿は後援会の語り草になっていた。小沢の地元で「選挙の神様」といえば、一郎ではなく、みちのことだった。


「主人をよろしくお願いします」

そのみちに仕えることになった和子は、引きも切らずに出入りする客に、腰を低くして手を揃え頭を下げていたという。みちと客との話には入らず、お茶を出すと後ろで控えていた。いつも髪をひっつめに束ねて質素な服装。近所の商店で安売りの惣菜を買っている姿に、近所での評判は、「とても社長令嬢には見えない」というものだった。

「結婚する前、青年会で一郎さんと温泉に行ったとき、どったな人と結婚しだいのと聞いだら、『吉永小百合みたいなのがいいな』って言ってだんだよ。それで結婚が決まって、相手は大きな建設会社の社長令嬢だっていうがら、どったな人が来るのがと地元ではえらい騒ぎだった。そうしたら、田舎《いなか》の娘みたいにホッペが赤くて手も皹《あかぎれ》しているような人だったんで、みんなびっくりしたもんだ。でも、かえって地味なぐらいで本当はよかったんだ」

地元後援会関係者は、笑いながら和子の第一印象を語っていた。

子供は三人の男の子を授かった。一九七四年に長男が生まれ、次男は七七年、三男が七八年に誕生した。知人に子守りをしてもらいながら、和子は水沢で後援会まわりをし、月に何度も上京する生活を送っていた。

小沢は当選三回（一九七六年）の頃から、選挙の時でも地元に帰らなくなっていく。以降、不在の小沢に代わって地盤を守るのは、みちと和子の役割だった。

和子は地元でみちについてまわり、選挙の戦い方を叩きこまれた。それこそ、塩、味噌、醤油から鉛筆一本、帳面一冊に至るまで、小沢後援会の商店で買わなければならない、というイロハのイからだ。

だが、すでに七十代のみちにとって、すべての後援会をまわるのは、さすがに体力的にしんどくなってきたようだった。

絵筆で気を紛らわす

小沢後援会の古参幹部は、和子と後援会をまわって帰ってくると、みちからこんな小言を言われていたという。

「ねえ、今日はどうだったの。どっだなことがあっだの。和子さんは絵を描けるぐらいじゃないの」

和子は時折、家で趣味の絵を描いていた。主人不在で地盤を守る日々の辛さを、絵筆で紛らわせていたのである。

「そう言って、みちさんの目から見れば、後援会活動をまだ満足にこなせない和子さんへの不満を露にするんです。私が、『絵を描いてもいいじゃないですか』とたしなめるように言ったら、『そうぉ……』と口を閉ざしてしまいましたけどね。どの家でも嫁姑の関係は似たようなものかもしれませんが、あの頃は、二人の間にはどこか微妙な亀裂があったというか、すれ違っているように感じたもんです」（古参幹部）

和子は水沢で子供の生まれた家には、長年嗜《たしな》んできた絵をあしらった葉書を送りお祝いすることを欠かさなかった。それも支援者であるか否かにかかわらず。

「結婚した当初、奥さんは数種類の薬を飲んでいたそうです。胃薬のようなものだとか。もともとあまり体が丈夫でなかった上に、お姑さんと一緒に毎日の選挙活動ですからね。それにみちさんはモットーが『日常坐臥、これ選挙』の方ですから。それでも、そんな生活に慣れていくうちに、体も丈夫になっていったそうです」

水沢で和子と一緒に活動していた元秘書は、だいぶ経ってからそんな話を和子から聞いたのだという。

泊まりがけで三陸へ

三人の幼い息子を抱えながら、小沢との「別居生活」の中で選挙区をくまなくまわるうちに、和子も徐々に選挙の顔としての存在感を高めていった。中選挙区時代の岩手二区は、県の南側半分だ。北海道に次いで大きい岩手県の半分だから、それは広かった。

三陸沿岸部の漁港に向かう日は、早朝五時に起きる。いつもどおり納豆、卵、味噌汁で朝食をすませて車に乗り込む。途中で立ち寄る山あいの農村には、事前に和子が来ることが知らされており、どこも人だかりができていた。和子が着くと皆、先を争うように握手を求めた。

漁港には朝八時ごろ到着する。ここでも漁師たちがすでに集まっていて、和子はひっきりなしに握手をして頭を下げつづけた。昼食は塩引き鮭一切れで白飯をかきこみ、釜石・大船渡・陸前高田など沿岸部をまわる。岩手の三陸沿岸部は小選挙区になってからは小沢の地盤ではなくなったが、佐重喜の時代から小沢を支援してきた地域である。夜は港町の旅館に泊まり、翌日も内陸の一関に出て支援者まわりをしながら帰宅するのだ。

一緒に廻った小沢後援会の元幹部は、その時代のことをこう語る。

「和子さんは食事でも質素なもんだ。田舎の母ちゃんと変わらねぇ。だから好がれた。途中で寄る村でも、ひっきりなしに握手しにくるんで、漁港への到着が間に合うか、気が気じゃなかっただ。泊まるときも晩飯はみんなと一緒にしてだなぁ」

三人の息子を抱えて

ただ小沢のために支援者まわりを続ける日々の和子だったが、やはり幼い三人の息子たちは、母の不在に淋しさを感じていたのではないだろうか。

小学校で長男の担任をした教師は、こんな思い出話をしてくれた。

「小沢さんの長男は何をやっても頑張り屋。足が速くて四百メートル走の選手をしていました。ある日、グラウンドで練習をしていたら、あの子のズックの先がガバガバと開いていたんです。私が『もう使えないんじゃないの』と話しかけたら、

『いや、僕が家で縫ってきますから』と言うんです。翌朝、本当にちゃんと縫ってきましたけど、走ったら、すぐにまたガバッと穴が開いちゃって、二人で大笑いしたものです。

その頃、水沢の家にはおばあちゃん（みち）がいましたから。教師としては買ってもらいなさいとは言えないけれど、この時ばかりはさり気なく、『これじゃ記録が出せないかもしれないから、おばあちゃんに言ったら』と勧めました。そうしたら、何日もしないうちに新調したズックを履いてきたんです。その後、和子さんから電話があって、『母親として何もしていないようで恥ずかしい……』と笑っていました。和子さんはひと月のうち三分の一くらいは東京と水沢を行ったり来たりするような生活でしたから」

和子は家を空けることが多かったが、息子たちの衣服は毎日洗濯されて、こざっぱりしたものを着ていた。

長男は学校でブラスバンドにも参加し、担任の記憶だとトランペットを担当。運動会ではその演奏が校庭に鳴り響いたという。

学校行事があると、和子は朝早くから学校に出てきて、最後まで後片付けをしているような母親だったという。

「和子さんは縁の下の力持ちでした。手を真っ黒にして片付けをしている姿を見て、教師の間で、『しっかりした人だ』と感心したものです」

また、この担任は児童たちに少し変わった家庭学習用のノートを作るように指導していた。縦に線を引いて大学ノートを三分の一と三分の二のスペースに分ける。狭いほうに日記をつけさせ、残った広いほうは予習・復習用のノートにしていたのである。

「長男の成績は抜群で、特に算数が得意で満点に近いぐらい。家庭学習のノートにつける日記は毎日書くように指導していましたが、あの子は几帳面で本当に毎日つけていました。『お母さんが東京に行く時は、僕が弟たちの面倒をみています』とか、『お父さんは、いつも日本がどうしたらいいのかを考えている偉い人です』と書かれていたことを覚えています。日記には私が一言コメントを加えるのですが、あの子から『先生、早く書いて』と急《せ》かされたこともありましたね。きっと、ノートをおばあちゃんや和子さんにすぐ見せたかったのでしょう」

ほとんど家にいない父親のことを、和子が息子たちにどのように話して聞かせていたのかが垣間見える。

ひとたび選挙となれば、三人の息子は新潟にある和子の実家に一週間ほど預けられることもあった。そんなとき末っ子が母恋しさに泣くと、長男がこう諭《さと》していたという。

「なんぼ泣いたって、母さんは選挙が終わるまでは迎えには来ないんだぞ」

〝小沢の息子〟と見られて

みちのころから、小沢の家では倹約と質素を旨としているところがあった。小学校に通う三人の息子たちは、その当時でさえ珍しい膝を繕《つくろ》ったジーパンをはいていた。

水和会の主婦が、小沢の家で段ボール箱にジーパンが詰め込まれているのを見かけて、和子に「これは?」と尋ねたことがあった。

「それは、これから繕うのよ」

和子は、さも当たり前のことであるかのように答えたという。

「知り合いの結婚式に着物で出席した時も、『これ（新潟の）母のお下がりなの』と言っていましたね。和子さんは気さくだけど、目立つことが嫌いで、本当に質素な人なんですよ」

水和会の主婦は、こう語った。

長男が同級生の家に遊びに来る時は、決まって二人の弟も一緒だった。夕方遅く、まわりが暗くなるまで遊びに夢中になっていると、近所の同級生の父親から「早く家さ帰れ」と叱られることもあった。息子たちは家に帰ってから、その父親のことを和子に「恐いおじちゃん」と話していたという。

その家に、和子は時折、「食べきれないのでどうぞ」と、メロンや缶詰などを持ってきたこともある。笑顔をたやさずに「子供たちがいつもお世話になっています」と頭を下げていた。その同級生の父親が言う。

「おどなしかっだ長男や三男は、いじめられることもあっだようだ。当時はライバル陣営の椎名（素夫）だけでなく、社会党系の労組も強がっだですがらね。ウチで遊んでいるときはそったな素振りを見せながったけれど、狭い町ではどうしても『小沢の息子』と見られてしまうがらなぁ……」

小沢の父の佐重喜の時代から、選挙区での宿敵は椎名悦三郎とその後継者・椎名素夫だった。退陣する角栄の後継を三木武夫に決めた「椎名裁定」で知られる悦三郎だが、東京帝国大学卒の農商務省官僚にして後藤新平の甥という地元の名家出身である。対する佐重喜は貧しい農家の出身で、丁稚奉公に行って苦学しながら弁護士になった叩き上げ。対抗心が燃えぬわけがない。「水沢戦争」と呼ばれた両陣営の争いは、素夫と一郎に代替わりしてからも続いていた。

「親が椎名系の後援会に入っている同級生から、小沢の子だという理由でいじめられたこともあったそうです」

和子の知人女性もそう話していたことがある。それがどの程度のものだったのかはわからない。それはともかく、地元を預かる歳月が長くなるにつれて、和子にも椎名陣営に対抗する意識が芽生えていたのだろう。

「（椎名を）とっちめてやる」

こんな言葉が和子の口からついて出るのを聞いた秘書もいる。

三人の息子を育てながら、十年以上も小沢のいない水沢に住み続けたのだ。夫ではなく、自分自身が選挙を戦っている思いだったのかもしれない。

長男が小学校を卒業したのをきっかけに、息子たちは東京に引っ越して小沢と一緒に住むようになる。和子が上京するのは、それよりも遅れてのことだった。

それから一年ほど経ってからのことだ。休みのときに帰省したのだろう。次男と三男が連れ立って前述の同級生の家の周囲を懐かしむように歩いている姿が見受けられた。

同級生の父親が、「長男は一緒に来ながったのがあ」と声をかけると、次男らはこう答えたという。

「もう水沢に来たくないんだって……」

長男が東京に転校していってからは、同級生に対しどのようにしているのか近況を知らせる便りは全くなくなったという。長男にとっての水沢時代は決していい思い出だけではなかったのかもしれない。

和子が涙を流した選挙

佐重喜の時代から秘書を務めていた古老は、その頃をこう振り返る。

「一郎はとにかく『俺は忙しいんだ』と言って、岩手にはほとんど帰らなくなった。若奥さんはよく耐えた。普通なら、出で行っても不思議じゃながったぁ。若奥さんはいつも、『主人は絶対当選だと慢心して帰ってこないのではありません。他人のために選挙をやっているのです』と、健気に一郎を庇っていだんだ」

ある選挙のとき、和子が寝坊してしまい、起きたら朝八時ということがあった。ただでさえ選挙で殺気立っている後援会の幹部たちは、みちに「嫁さんなのに、なんてザマだ」と息巻いた。すると、みちはこう庇ったという。

「嫁だど思うからそう思うんだ。自分の娘だど思えば、寝坊することもあると思えるでしょう」

夫不在の中、選挙区を守り続ける辛さを、みちは自分の経験で身にしみるほど知りつくしていた。

そんな和子が初めて涙を見せた選挙がある。

水沢の家から歩いて三分ほどの所に「小沢会館」と呼ばれる、古びた二階建ての建物がある。以前は縫製工場だったのだが、一九八一年に小沢はこの建物を和子名義で購入し、選挙の本部事務所として使っていた。

角栄がロッキード事件の一審で実刑判決を受けた後の一九八三年の総選挙のことだ。小沢は自民党総務局長として、選挙の実務を取り仕切る立場にあった。当然、いつも以上に地元には帰ってこられない。

それでも和子は何か異変を感じ取っていたのか、小沢にこう伝えていた。

「どうも地元の雰囲気がおかしいから、絶対に帰って来てください」

投開票日、古参幹部は水沢の家で和子と一緒にＮＨＫの選挙速報を見ていた。旧岩手二区の定数は四。菅原喜重郎、志賀節、椎名素夫とライバル陣営に当選確実が出る中、小沢の名前がいっこうに現れない。深夜になってもそれは変わらず、和子はいつのまにか泣き崩れていた。

諦めかけていた頃にやっと当確の報が流れると、和子はその幹部に泣きはらした赤い目で頼んだという。

「(小沢)会館に連れていってくれませんか。後援会の皆様にお礼を言いたいんです」

次点との差はわずか二千票ほどだった。「心配をおかけしました」と挨拶する声が震えていた。和子はハンカチで目頭を押さえながらダルマに目を入れた。

この後から、みちは選挙にかかわる一切のことを和子に任せるようになる。

その翌年、水沢市長選挙で小沢陣営は巻き返しを図った。そのために和子は所有していた福田組の株を売って選挙資金を捻出したという。

赤坂で酔いつぶれる小沢

一方、その頃の小沢は深夜に、赤坂の片隅にある店をよく訪れていた。裏路地に佇む、遅くまで営業している喫茶店だ。夜はアルコール類も出し、料亭の仲居などが店を終えてから軽く一杯やりにくる溜まり場として知られる店だった。そこのカウンターで、一人酔いつぶれて眠っている小沢の姿がたびたび目撃されている。その光景を見た小沢の知人は、「料亭を閉めて帰路に着く裕子と待ち合わせでもしているのだろう」と思ったという。

当時、同じ派閥の誼《よしみ》もあって、小沢は中西啓介衆院議員（二〇〇二年没）と仲が良かった。その中西事務所の関係者は言う。

「八〇年代は、中西と小沢さんは、ほぼ毎晩、裕子さんの料亭に通っていました。そこで麻雀をすることも多かったようです」

妻の和子と会うよりも、裕子と一緒にいる時間のほうが長いくらいだった。

また、ある酒席で小沢がこんな言葉をボソッと口にしたことがある。

「俺は女房をおふくろのもとで飼育しているんだ。おふくろは選挙のプロだ。俺は人間をつくっているんだ」

同席した田中派の代議士たちは、その乾いた言葉を覚えていた。ある代議士は、「飼育」という言葉に言いようのない冷たさを感じ、和子の置かれた境遇が可哀想で仕方がなかったという。

気性の激しい一面も

水沢での地元活動を取り仕切るようになった和子は、ときおり感情の起伏を露にすることもあった。前出の古参幹部は、秘書を叱りつけた場面を覚えている。

「ある時、誰かの葬儀のことで秘書が若奥さんへの連絡を怠ったらしく、『何をやっているの！』と怒鳴りつけでいた。若奥さんにも、そんな気性の激しい一面があったのかと驚いたもんだった」

小沢後援会の元幹部は、「和子さんは人の好ぎ嫌いがハッキリしているどころがあってね」と言って、こんなエピソードを披露した。

応援演説のため、ある有名女性議員が水沢に来た時のことだ。もともと芸能人だった彼女を角栄が口説いて政界入りさせたのだが、永田町では醜聞の絶えない人でもあった。すると、演説会の会場で和子は、スタッフたちにきっぱりとした口調でこう言ったという。

「あの人とは一緒の控え室ではなく、別にしてください」

椎名の落選をきっかけに上京

一九九〇年、ライバルだった椎名素夫が衆院選に落選する。和子はこの選挙戦で握手をし過ぎたため、後半右手が動かなくなるほどだった。椎名は次の参院選に鞍替えすることになったため、小沢の総選挙はいわば無風状態になった。当時の秘書たちによると、和子は椎名の落選をこれ以上ないほどにひとしきり喜んでいたという。これをきっかけに和子は小沢のいる東京に移り住んだのである。

一方、その少し前、小沢は水沢の知人を呼んで、こんな相談をしている。

「家内が上京して同居したいと言ってるんだけど、お前さん、どう思う？」

同居は和子から希望したものだった。

そのとき小沢は四十七歳にして自民党幹事長という権力の頂点に登りつめていた。夫の多忙と激務を心配して、妻がそばで面倒を見てあげたいと考えても何の不思議はない。さらに八九年頃から、高齢のみちが東京・世田谷の関東中央病院に入院していた。

「いいじゃないですか」と知人は勧めたが、小沢は「そうか」と言うだけだった。なぜこんなことを相談してくるのだろうと思いつつ、今ひとつ乗り気ではない小沢の表情を見て、その知人は地元でも噂になっていた料亭の女将との関係が引っかかっているのかもしれないと感じたという。

「一郎は料亭の女将と懇《ねんご》ろな関係になっているらしい」

水沢の後援会関係者たちの間で、そんな噂が流れるようになっていた。それが和子の耳に入らないはずがない。

和子が東京に居を移す少し前、『週刊文春』(一九九〇年一月四・十一日号)で小沢と裕子の関係についての記事が掲載された。そこには裕子と小沢が結婚を考えた仲だったこと、料亭のオーナーと裕子の間で財産分与の争いが起きていること、そして、その争いに小沢が介在して裕子に二億七千万円もの大金を振り込んでいたことなどが書かれていた——。

「小沢を助けてください」

上京してからも和子は、水沢にはよく通っていた。水和会の婦人幹部は言う。

「和子さんの演説は、『小沢を助けてください！』という一点につきるんですが、逆にそれが婦人たちの涙を誘い、気持ぢをギュッとつかむんですよ。『皆さん、助けてください。私は本当に涙が流れます。地元の皆さんには大変お世話になっています。小沢は今、国のことで困っています』と和子さんが言うと、盛り上がるんです。小沢先生は選挙のときでも来ないんですから。だから、私らはハチマキを巻いで、小沢一郎になったつもりでやってきたんですよ」

深沢宅で夫を送り出す和子

和子が水沢に来るスケジュールに合わせて、秘書や後援会は和子の地元での日程を組む。ところが、それが彼女の意に沿わない時があった。すると和子は乗っていた車から降り、後援会幹部に面と向かって、こう言い放ったのだという。

「選挙活動はそんなものじゃないでしょ。東京に帰ったら、このことはちゃんと小沢に言いますから」

県南地区には、和子の弟である実や勝之（福田組会長）が新潟から飛んできて、建設業者や後援会に頭を下げてまわっていた。福田組をあげて、和子を助けていたのである。

裕子の病室に和子の姿が

和子が上京してから数年ほど経った頃のことだという。

裕子が築地の病院に入院した。婦人病の一つに数えられる病気のためだ。裕子の見舞いに病室を訪れた小沢の知人は、その時に偶然見ることになった光景に呆然としてしまった。

小沢が和子を連れて見舞いに来ていたのである。

なぜ小沢は和子を伴って裕子に会いに来たのか、まったくもって理解できない場面だった。その日初めて和子は裕子と顔を合わせたはずだが、とくに睨み合うような修羅場になっているというわけではない。ただ、病室での和子は見舞いに来たこと自体を後悔しているかのように、終始不機嫌そうな表情をしていたという。

この知人は料亭の一室で、小沢と裕子が仲睦《むつ》まじく手を握り合い、身体を寄せ合っているところを目撃してしまったこともある。小沢と裕子の二人の関係を知っているからこそ、「いくら何でも、和子さんが可哀想で見ていられなかった」と話す。

これは小沢の隠し子を裕子が養子として引き取る前後のことだった。

小沢が和子を裕子の病室に連れて行ったのは、地元で流れる噂を否定するためだったのかもしれないが、和子がどう受け止めたかはわからない。

ただ、それからというもの、和子は時に小沢の行動を詮索するようになる。

「小沢がそこ（料亭）にいるんでしょ。そこに寄ったんでしょ」

「小沢はあれから、どこに行ったのよ。正直に話しなさい」

随行している秘書たちに、詰問する電話が度々かかってくるようになった。

それでも小沢は料亭や裕子のマンションに行くことをやめようとはしなかった。

裕子の料亭に車をつけている時に、和子から電話が入ることもあった。

しかし、それでも彼らはしらを切り通した。

「いえ、そこには来ていません」

運転手兼秘書は電話を切ったあと、弱り切った顔をして周囲にぼやいた。

「奥さんも、しつこいんだから参ったなあ……」

小沢の緊急入院

一九九一年六月二十九日の朝、小沢は緊急入院した。

八九年に幹事長に就任してからというもの、激務と重責のためか、小沢の酒量は日に日に増えるばかりだった。この間の小沢の活動状況を振り返っておくと、九〇年七月にフランス、イギリス、西ドイツを歴訪し、選挙制度事情を視察、十月には金丸訪朝団で北朝鮮へ。翌九一年三月には、ソ連とアメリカに行き、ゴルバチョフ大統領、ブッシュ大統領と会談している。

そして、同年四月の東京都知事選で自ら強引に擁立した磯村尚徳《ひさのり》が惨敗した責任をとって幹事長を辞任したのだ。胸の痛みで倒れたのはその二ヵ月後のことだった。

その日の朝の様子を元秘書・髙橋嘉信は、『週刊新潮』(二〇一〇年四月二十二日号)で詳しく明かしている。

「女房から〝電話よ〟と言われた時、この日は妙な予感がしました。『パパが大変!……』。受話器から聞こえてきたのは小沢の妻・和子さんの声でした。こんな時間に、しかも奥さんが直接電話してくるなんて、それまで一度もありませんでした。おまけに、その声はいつになく切迫している。(略)

寝室では、小沢が布団の上で胡坐をかき、両手の甲を膝の上に乗せていました。顔は少し上を向き、弱々しく虚空を見つめ、苦悶していた。顔面は蒼白で、息も絶え絶えの様子。何より口が利けず、私は小沢の顔を見て、〝あ、これはまずい〟と思い、即座に〝心臓発作だ〟と直感しました」

大至急、救急車で主治医のいた東京都文京区の日本医科大学付属病院に運び込んだ。集中治療室での治療で一命はとりとめる。医師の診断は「心筋梗塞」だった。

だが、政治生命に関わることを怖れて、小沢事務所は「軽い狭心症」として同日夕方に発表。入院期間は二週間程度とした。権力の中枢にいた小沢は四十三日間もの入院生活を余儀なくされたのである。

このときの入院生活について、小沢は著書『語る』(一九九六年)でこう振り返っている。

「女房は、こんなに長く一緒にいられるのは嫁に来てから初めてだ、と喜んでいた。病気にならないと帰ってこない、と言うから僕は、当ったり前だ、健康な時まで家にずうっといるようじゃ、亭主にならないじゃないか、と答えたんですよ(笑)。よく言うでしょう。困った時の友が一番の友だと。人間の本当のつながりというのはそういうものなんだよ。どっちもうまく順調にいってて健康な時は、それぞれ自分の役割を果たしていればいいけど、そうでなくなったら助け合わなければね。夫婦というのはその典型です」

実は、小沢が倒れる少し前から、和子は夫の健康を心配して野菜中心の弁当を作って持たせるようにしていたという。小沢が多忙のため自宅に戻れない時には、仕事をしているホテルに届けることもあった。

後に小沢は「(和子に)命を救われた」と側近議員に語っている。

入院している間、和子はどんな思いで小沢を看病し、夫妻でどんな会話が交わされたのだろうか。息子たちはまだ高校生と中学生である。政治家として権力の階段を順風満帆にのし上がってきた小沢にとっては、初めての予期せぬ休息期間であった。

「身辺整理を含めて10年かかる」

だが、倒れる前から小沢には、和子に決して明かせない秘密があった。

隠し子の健太郎君の存在である。交際していた池田直美が彼を出産したのは、九〇年の夏。子供を産んだことを彼女は小沢に電話で報告している。直美が、裕子のもとに健太郎君を預けたのが、九二年の十二月末であった。単純に時系列で並べれば、小沢は倒れる前に妊娠と出産を知らされ、退院した後に、裕子が健太郎君を引き取ったということになる。

そして退院してから数ヵ月後、小沢は政治家としてこれまでにない大きな決断を迫られる。

自民党総裁選への出馬である。

九一年十一月に海部《かいふ》俊樹政権が退陣したのを受けて、当時経世会会長代行だった小沢に、金丸信が総裁選に出馬しろと命じたのだ。その際のことを小沢は『小沢一郎 政権奪取論』（五百旗頭《いおきべ》真他編、二〇〇六年）で、次のように語っている。

「僕は金丸さんから総裁選に出ろと言われていたんです。『お前、やれっ』てね。しかし、僕は何の準備もできていなかったから断った。（略）朝から晩まで説得された。僕が断ると、『お前は何だ』と言って怒られた。『一日でも総理大臣になりたいというのが政治家じゃないか。それを何でお前は俺が言うのに断るのか』と言って」

金丸ばかりではない。小沢が経世会を離れてからは天敵となる野中広務《ひろむ》も、総裁選に出るように説得したのだという。後に野中は『野中広務　権力の興亡』（五百旗頭真他編、二〇〇八年）で、こう明かしている。

「2人っきりで話したんだが、『こういうときだから、年が若くても、あんたが出なさいよ』といった。砂防会館の派閥事務所の一室でした。そうしたら、『それはありがたい話だけど、俺はまだダメだ。総理総裁になるには身辺整理を含めて10年かかる。そんなに簡単に天下はとれるものではない』と言って、逆に僕は諭されたわけですよ」

そのときの言葉の綾《あや》だといってしまえばそれまでだが、「身辺整理を含めて10年かかる」と野中に語った小沢の脳裡に、健太郎君の存在が一瞬でもかすめはしなかったか。

いまとなってみると、小沢にとって自民党総裁になるチャンスはこれが最後だった。出馬を固辞した小沢は、総裁選に立候補する予定の三人、つまり宮沢喜一、三塚博、渡辺美智雄を傲岸《ごうがん》にも永田町の十全ビル三階にあった自分の事務所に呼びつけ、面談した。その結果、海部の後継は宮沢に決まったのだが、翌九二年には東京佐川急便事件に火がつく。

佐川急便事件では自民党元副総裁・金丸信が最大のターゲットとなった。五億円のヤミ献金が発覚し、それを受け取ったことを金丸が認めたからだ。この事件処理を金丸から一任された小沢だったが、一方で派内の反小沢勢力から「金丸の後釜を狙うクーデターが始まった」という非難を浴び、九月にはその混乱の責任をとって経世会会長代行を辞任している。

次章で詳しく述べるが、東京佐川急便事件で金丸が議員辞職した後、経世会では後継者争いが激化し、敗れた小沢は羽田孜《はたつとむ》を担いで改革フォーラム21を立ち上げる。その裏側でこの年の十二月末に健太郎君は裕子のもとに預けられていたのである。

そして小沢は九三年五月に『日本改造計画』（講談社刊）を出版。同書は現在までに七十六万部出版のベストセラーになっている。翌六月には野党の提出した宮沢内閣への不信任案に賛成票を投じて自民党を離れることになる。その後、羽田らと新生党を結成し、代表幹事に就任する。

和子にとっても上京してからの数年間は、自分の置かれた状況をゆっくりと考える暇もないほど、激動の日々であった。そして、小沢を取り巻く政治状況と夫婦の関係も、もはや後戻りできない峠を越してしまったかのように、変容していくのである。

第四章　父親の証

本章では池田直美が小沢と知り合って健太郎君を出産し、そして料亭の女将・裕子に預けられて育てられるまでの経緯について詳しく述べていく。だがその前に、関係者に十分な配慮をしたつもりではあるが、なぜ仮名で登場する人々の立ち入った事情を書くのかを説明しておきたい。

第一章でも触れたが、小沢は平成政治史の中核的人物で、今日の政治の枠組みを形作った政治家である。その人間性を探るためには、小沢が直美や健太郎君に何をしてきたのかを明らかにする必要があると考えたからだ。

さらに、それは小沢一郎に関する最大のナゾを解く鍵であるように思えてならなかったことも理由の一つだ。そのナゾとは、なぜ小沢は次々と側近を切り捨てるようになったのか、という点だ。経世会関係者によると、自民党幹事長（一九八九〜九一年）のころまでと、九三年に自民党を飛び出してからでは、小沢は人間が変わったように冷酷になったと言われる。

九〇年の夏に健太郎君が生まれてから裕子の養子となるまでの期間は、この小沢の分岐点と奇しくも重なっているのだ。

それ以前の小沢には盟友と呼べる存在がいた。その代表格は一九六九年初当選組にして田中派の派中派・創政会を一緒に立ち上げた梶山静六だった。

ところが、八九年の海部内閣発足にともない、竹下登が幹事長に梶山を推したにもかかわらず、金丸信によって小沢が幹事長に就任したことで、二人の間にすきま風が吹き始める。九二年十月に東京佐川急便事件の責任をとって、金丸が経世会会長を辞任。その後継者として小渕恵三を推す梶山と、羽田孜を主張する小沢とが決定的に対立するようになった。その結果、竹下の差配で小渕が会長に就任すると、小沢は羽田らとともに経世会を離れて分裂させてしまうのだ。

分裂劇はそもそも派内の後継者争いに過ぎなかったのだが、争いに敗れた小沢は「政治改革」という大義名分を掲げて、梶山らを「守旧派」と批判し出した。派内対立を選挙制度改革を巡る論争にすり替えて、自らの正当性を訴えたのである。

梶山静六

ついに九三年六月には宮沢喜一内閣に対する不

信任案に賛成票を投じて離党し、新生党を設立する。九二年末に裕子に預けられた健太郎君が正式に養子となったのは、ちょうどこの頃のことだった。

そして細川護熙政権で小選挙区比例代表並立制と政党助成制度を導入し、「政治改革」を成し遂げた小沢だったが、九四年十二月に新生党を解党してからというもの新進党解党、自由党分裂、最終的に民主党と合流というように合従連衡《がっしょうれんこう》を繰り返していく。

小沢が提唱した「政権交代可能な二大政党制」は民主党で一度は実現したものの、その間に切り捨てられた側近たちは、枚挙に遑《いとま》がない。中村喜四郎、船田元《はじめ》、熊谷弘、中西啓介、二階俊博、藤井裕久《ひろひさ》……。秘書でも「小沢の懐刀」と呼ばれた髙橋嘉信が切られた。政治家らは皆、田中派、経世会でめぐりあった同志だったが、小沢に諫言《かんげん》・忠言したことで、一方的に音信不通になってしまったのだ。竹下はもちろん、あの金丸でさえ、最後には連絡が取れなくなったほどである。

「純化路線」とも呼ばれた側近の切り捨てだったが、私にはそこに健太郎君の存在が微妙な影を落としていたように思えてならない。政敵が数多くいる中、決して他人には触れてほしくない秘密を抱えている小沢は、側近でさえも心から信じられなくなってしまったのではないだろうか。直美と健太郎君という存在は、小沢にとって自分を縛る桎梏《しっこく》でしかなかったのかもしれない。

もちろん、これだけが原因だったわけではないだろうが、小沢が周囲の政治家と関係を取り結ぶとき、以後、「同格」はあり得ず、「主従」でしかなくなった。「政治改革」を唱えている裏側で、直美や健太郎君にした仕打ちを考えると、そうした小沢の人間性の一端が現れているように思う。自らの政治的立場を優先させた結果、そのために二人が背負わされた運命の重さは、どのように償っても償いきれるものではないだろう。

「妊娠しました。でも産みます」

「最初、相手の人に『妊娠しました。でも産みます』と言ったら、とても驚いていたの。出産した後に『男の子が生まれたんです』と報告したら、すごく喜んでくれて、『それは、よかった。ただ申し訳ないが、自分の籍には入れられない。必ず何らかの形をとるから心配しないでほしい』と言って、その子に名前をつけてくれたの。私、覚悟している。どんなことがあっても後悔しない」

直美は、九〇年の夏に健太郎君を出産した後、元同僚にこう打ち明けた。

「父親の名前だけは絶対に言えない。ただ、非常に力のある人よ」

直美は、その父親が小沢一郎であることだけは、決して明かさなかった。

和子は健太郎君について、手紙にこう綴っている。

〈八年前小沢の隠し子の存在が明らかになりました。●●●●●といい、もう二十才をすぎました。三年つきあった女性との間の子で、その人が別の人と結婚するから引きとれといわれたそうです。それで、私との結婚前からつき合っていた●●●●という女性に一生毎月金銭を払う約束で養子にさせたということです〉

ここで〈三年つきあった女性〉と書いてあるのが、直美のことだ。三年とあるのは、知り合ったのが八九年で健太郎君が裕子に預けられたのが九二年だからなのか、小沢がそう言ったからなのか。私の取材した限りでは、小沢と直美の関係は三年より長く続いていた。

十九年前の取材メモ

私が健太郎君の存在を初めて知ったのは、一九九四年の春のことだった。和子の手紙で〈私との結婚前からつき合っていた〉とある裕子が、三歳ぐらいの男の子を育てているという情報を得たからだ。その当時、彼女は独身で、周辺に確認してみたところ妊娠や出産をした形跡はなかった。

いったい、誰の子なのか——。小沢と裕子の仲を知る人らは訝しんだ。永田町で噂になるのも当然のことだった。

直美が元同僚に語った前述の言葉は、その十九年前に取材した時の私のメモに記録してあったものだ。そこには、裕子がごく親しい知人に語った内容も書いてある。

「一番大事な人の子を育てているのよ」

裕子が女将をしている料亭の仲居は、私にこう話していた。

「男の子に対する女将さんのかわいがりようは並大抵ではありません。子供のことが気になるのか、店に出てきても、気もそぞろですぐに家に帰りたがるんです。

『子供の運動会があるから、お握りを作らなくちゃ』とか、『一緒にお風呂に入らなくちゃ』とか、店でもはしゃいでばかりなんです」

それまで裕子は以前に比べて店の経営が思わしくなく、愚痴ばかりこぼしていたのに、最近ではそれもすっかりなくなった。きっと子供の父親から少なからぬ額の金が出ているのだろう、そんなことまでも仲居たちは囁きあっていた。

裕子は店に健太郎君を連れてくることもあった。

「あの子は小沢先生の子」

いつしか仲居たちはそう信じて誰も疑わなくなったという。

裕子が甲斐甲斐しく健太郎君の世話をやく姿を見た小沢の元知人は、金丸信に進言していた。

「金丸さんに会って、『小沢が料亭に入り浸って選挙区に帰らない。女将の裕子には幼い子供がいるが、小沢と関係があるのかもしれない。金丸さんから小沢に、いい加減にしろと注意してもらえないか』と頼んだんです。金丸さんは了解してくれたが、それでも小沢は相変わらず地元に帰らなかった」

ただ、十九年前の私には健太郎君が小沢の子だと断定できるだけの材料が乏しかったのである。

二〇一二年三月に和子が世田谷区深沢の小沢邸から出て別居していることを突き止めた後、その原因は何かと思いを巡らせると、やはりあの隠し子のことが二人の関係に少なからぬ影を落としているのではないか。私の脳裡にはあの男の子の存在が浮かび、再び調べてみようと、埃をかぶっていた過去の取材メモを引っ張りだした。

幹事長とテレビのレポーター

まず、取材メモに記してあった芸能プロダクション関係者たちに改めて話を聞くことから始めた。小沢と知り合った当時、直美は芸能界の片隅で生きていたからである。

直美は一九六〇年代の前半、東京都内で生まれた。新聞販売店を経営する家の長女として生まれた彼女は、高校を卒業した後、職を転々として、八〇年代にはテレビやラジオの番組にレポーターやナレーターを派遣するプロダクションに所属していた。

事務所関係者によると、彼女は社内でも本名ではなく芸名で通っていた。当時のタレント名鑑に彼女の顔写真が掲載されているが、目が大きく整った顔立ちで、英会話が得意だと紹介されている。テレビのレポーターの他にも、作家にインタビューしたり、朝のワイドショーでやっていたスタジオで生CMや、若者向け番組にも出演したりしていたという。

「決して有名な存在ではありませんでしたが、当時の彼女はマスコミの世界で何とか食べていこうと、名前が売れることを夢見て、それは懸命に働いていました」

元同僚は、直美のことをこう評していた。

一方、その頃の小沢はどうしていたか、簡単におさらいしておく。

八五年に師・田中角栄と袂を分かち、竹下、金丸、梶山らと創政会を結成。八七年には竹下内閣で官房副長官に抜擢《ばってき》される。八九年六月には日米電気通信交渉の特使として訪米するなど一段と存在感を増し、同年八月には四十七歳で自民党幹事長に就任している。

そして九〇年二月の衆院選では、経団連傘下の企業から選挙資金三百億円をかき集めて自民党を勝利に導いた。この選挙で自民党は追加公認を含め二百八十六議席を獲得し、衆議院での安定多数を保った。「剛腕」と呼ばれた小沢幹事長のまさに絶頂期である。

テレビのレポーターと幹事長。置かれた境遇の違いすぎる二人が、なぜ知り合うことができたのだろうか。

直美の知人によると、二人が出会ったのは、小沢が幹事長になった八九年夏の前後に行われた私的なパーティーだったという。

「都内の有名ホテルのスイートルームを貸し切りにして、小沢さんを含めた何人かの男性と、業界のツテで呼ばれた女性たちが、部屋で楽しく飲んだり食べたりするような会です。当時、小沢さんらはこうした内輪のパーティーを何度か開いていたのですが、そこに直美が呼ばれて小沢さんと知り合ったんです」

二人が親しくなるのに、それほど時間はかからなかったようだ。

直美は元同僚に電話で、複数の大物政治家の名前を挙げて、彼らと知り合えたことを自慢気に語っている。その中にはもちろん小沢の名前もあった。

「若手でとても期待できる政治家なの」

直美はこう褒《ほ》めちぎっていた。

それを聞いて驚く元同僚に、笑いながらこうも語っていた。

「政治家って怖そうな顔をしているけど、案外おじいちゃんのように可愛くて、愛《あい》嬌《きょう》もあるのよ」

ところが、それからしばらくすると、直美は所属していた事務所を突然辞めて、表舞台から姿を消してしまう。八九年十一月頃のことだった。再び元同僚に連絡が来るようになったのは、九〇年の冬になってからだ。

その間に彼女に何が起き、どのように過ごしていたのか、詳しくはわからない。

しかし、九〇年の夏に健太郎君を出産したことは間違いないのだが、取材してみると直美は父親ら親族にその事実を知らせていなかった。「どんなことがあっても後悔しない」と吐露していた彼女につくづく芯の強さを感じた。ただ、少なくとも母親は健太郎君の存在を知っている。なぜなら、直美は出産してからしばらく、母親と一緒にひっそりと暮らしていたからだ。

九二年のクリスマス

和子の手紙を入手する前だったが、健太郎君が小沢一郎の子であるという確信を得られたのは、二〇一二年四月に、ある人物に出会えたからだ。

「実はその後、直美は谷本（仮名）さんという会社経営者と出会い、結婚して家庭を築いたんです。ご主人である谷本さんも、直美が以前、小沢一郎さんとの間に子供をもうけ、その男の子を養子に出した経緯を全部承知しているんです」

こう告白したのは、匿名にすることを条件に取材に応じた人物Xである。そのため彼の素性や所属は一切明かせないが、かつて谷本夫妻と極めて親しかった人物だ。

彼の証言をもとに、周辺取材を進めたところ、健太郎君が裕子の養子となった経緯は、次のようなものだった。

九二年のクリスマス前後、直美は当時交際していた谷本に何も知らせないまま、健太郎君を裕子のもとに預けに行った。

「実は、あの子を料亭の裕子さんのところへ養子に出したの」

突然、何の前触れもなく直美から打ち明けられた谷本は驚くほかなかった。直美にとって最愛の息子を養子に出したことにもショックを受けたが、何より衝撃的だったのは、預けた先が裕子のところだったからだ。谷本は仕事の関係でその料亭に出入りしたことがあり、裕子と小沢の関係について巷間《こうかん》囁かれている噂を耳にしたことがあった。

「料亭って、あの小沢一郎の愛人と言われている裕子さんのところだろう。なんでそんな人のところに預けたんだ？　まさか、もしかして健太郎の父親は小沢なのか……」

「……、そうよ」

交際が始まってからも健太郎君が誰の子供なのか明かそうとしなかった直美だったが、ここに至ってようやく告白したのである。

健太郎君を預けに行ったときの様子も直美は谷本に語っている。

「あの子は何もかもわかったような様子で、なんだか自分が養子に出されるのを知っていたみたいなの。あの朝、不思議なことを健太郎が言ったのよ。『ママが消えていなくなっちゃった』って。あの家に行くのがまるで当たり前みたいな顔をして、全然悲しまなかったのよ。

向こうに行ってみたら、ものすごくいいお家で、私が住みたいくらいだった。ずいぶんとお金持ちみたい。裕子さんもすごくいい人だった。健太郎も向こうに行ったとたんに、本当のお母さんにするみたいに、裕子さんにペタッとくっついてね。その日から、一緒に寄り添ってベッドで寝たんだって。きっと健太郎は幸せになれると思う……」

直美が本心からこう語ったのか、わからない。これは想像でしかないが、彼女は自分の中で溢《あふ》れそうになる迷いや後悔を抑えこむためにも、健太郎君が「悲しまなかった」と言葉にするしかなかったのではないか。健太郎君を預けに行く前後、彼女は何日も塞ぎこんでしまい、知人からの電話にもしばらく出なかったという。

堕胎を迫った山田という男

出産後、直美と健太郎君、直美の母は、ある時期まで都内の高層マンションでともに暮らしていた。登記簿によると部屋面積は約百三十㎡。当時はバブルの真っ只中で、不動産業者によれば、その部屋も二億円ぐらいはしたはずだという。三人暮らしとはいえ、直美の収入から推測すると、かなり分不相応な物件と思わざるを得ない。

さらに、三人が住む部屋を所有していたのは、山田和正(仮名)という男だった。この名前を見たとき、「またあの山田が出てきたか」と思わず天を仰いでしまった。詳しいことは後で説明するが、小沢の取材をしていると、表向きには秘書が手を下せないような、いわゆる小沢の「裏の仕事」を担っている人物として八〇年代から頻繁に聞く名前だったのだ。

実は、山田は妊娠中の直美に人工中絶をするように迫っていたのである。

これもXの証言だ。

「妊娠したことを小沢さんに伝えると、直美さんは山田さんから『堕《お》ろせ』と何度となく要求されるようになったんです。山田さんは『産まないでくれ』『堕ろせ』と直美さんに散々迫ったそうです。でも、それに抗《あらが》うように、直美さんは子供を産む決意を固めました。理由はわかりませんが、彼女は絶対に男の子を産みたいと願っていたそうです。

そんな事情もあり難産で、産後の肥立《ひだ》ちも良くなかったのか、長期入院していたと言っていました。退院した後も直美さんは肉体的にかなり衰弱していたようで、谷本さんと会ったときには、げっそりと瘦せて目だけが異様に大きく、死んだような虚《うつ》ろな表情をしていたそうです。『山田のこん畜生が』と漏らしたこともあったらしい」

直美と健太郎君に関して山田が果たしていた役割は、より明確になった。

ここで山田という人物と小沢の関係について若干説明しておこう。

彼は、小沢の住む世田谷区深沢にほど近い場所で不動産取引業を営んでいる。確認できる限りでは、小沢との接点は八五年にさかのぼる。小沢は父・佐重喜から相続した文京区湯島の土地家屋を売却し、同時期に深沢とは別に世田谷区下馬の土地を売買しているのだが、その指南役とされていたのが山田だった。以降、小沢の「土地売買のブレーン」とも、「私設秘書のような裏の存在」とも言われてきた男なのである。元側近秘書によれば、表に出せないカネにまつわる相談を小沢にすると、決まったように「山田に話しておけ」と言われるのだという。山田自身は小沢のことを、親しそうに「お兄ちゃん」と呼んでいた。

また、山田は裕子ともつながりが深い。前に料亭のオーナーと裕子が財産分与でもめていたことが週刊誌で記事になったことに触れたが、その時に山田の名前も出てきたのである。そのオーナーは料亭の経営権をめぐる争いの中で、裕子側の背後に山田が介在していると疑っていたのだ。

健太郎君が生まれたのは九〇年夏。ということは、直美が妊娠に気づいたのは、八九年から九〇年のいずれかの時点だろう。直美が小沢に「産みます」と報告したのも、そのあたりの時期と考えられる。

その頃の小沢を取り巻く政治状況は前述した通り、剛腕幹事長として財界から三百億円をかき集め、自民党を九〇年二月の総選挙で勝利に導いた。当然、小沢の行く所すべてで多くの番記者たちが四六時中群がっていた。警備のSPもついている。人知れず小沢が直美とじかに会って話すことは、ほとんど不可能に近かっただろう。

そこで、小沢のメッセンジャーとして山田が直美と会い、最初は堕胎を要求した。しかし直美の出産の意志が固いと見るや、出産後の直美を山田が所有するマンションに囲い込んだのではないだろうか。高級マンションに遇すると同時に、彼女らをマスコミから隔離し、山田が監視役をも担っていたと考えられる。小沢は何よりも、直美と健太郎君の存在が発覚することを恐れていたはずだからだ。健太郎君が生まれてから約一年後の九一年六月に、小沢が心筋梗塞で緊急入院しているのは、前に触れた通りだ。

かくして直美のもとから健太郎君はいなくなった。しかし、それで小沢と直美の関係が終わったわけではなかったのである。

直美と結婚した谷本から、Xはこんな話を聞いたことがあるという。

谷本と直美が交際していた九三年の春頃のことだ。東京・赤坂の全日空ホテルの脇にある坂道を登る途中に、当時、小沢が事務所用に部屋を借りていた高層ビルがあった。谷本が仕事の関係で通りかかった時、偶然にも直美がそこから出てきたところに遭遇したのだ。

縁を切ったはずの小沢の事務所があるビルから直美が出てきたことで、谷本は彼女を詰問せずにはいられなかった。

「まだ小沢のところに行っているのか」

「そうよ」

あっさりと認める直美に対して、

「そりゃないだろう。それだけはやめろ。いいかげんにしろよ!」

谷本は強い口調でたしなめたという。

「また、こんな場面もあったそうです。直美さんが電話に出たときのことです。谷本さんも一緒にいたので、相手は『そばに誰かいるのか』と言っている様子でした。直美さんが『人と一緒にいるの』と答えると、相手はすぐに電話を切ったそうです。谷本さんが、直感的に『小沢からか？』と聞くと、直美さんは『そうよ』と悪びれるでもなく認めたんです」

直美がどのような心境だったのかはわからないが、健太郎君を預けた後もしばらくは小沢と会ったり、連絡をとったりする関係は続いていたのである。

「健太郎は将来、東大に入れる」

直美が谷本に話したように、裕子に引き取られて健太郎君は幸せになれたのだろうか。

裕子はたいそう健太郎君をかわいがったという。

実は、健太郎君を預かる少し前、彼女は手術のために子供の産めない体になっていた。小沢との結婚は前述のように角栄が首を縦に振らなかったこともあって叶《かな》わなかった。自らがなしたわけではないが、小沢の血をひく男の子を自分の手で育てることで、果たせなかった幸せを感じていたのかもしれない。

「健太郎は将来、東大に入れる」

裕子は教育熱心でもあった。健太郎君が小学校に入学する年齢に達すると、住所を変えた。

移転先は都内の別の区。そこには区立でありながら学力の高さが評判で、有名人の子息も多く通う有名な小学校があったのだ。

当時、裕子が住所を置いていた場所を訪ねてみると、偶然なのか、裕子の姓と同じ表札を掲げる一軒家が建っていた。インターフォンを押して「裕子さんが昔、ここに住所を置いておられたようですが」と尋ねてみると、そこの住人はこう答えた。

「うちと裕子さんはたまたま同じ苗字ですが、血縁関係はありません。友人の友人として知り合いました。健太郎君をそこの小学校に越境入学させるために、小学校に通う六年間だけ住所を置かせてあげていたんです。その後どうされているのかは知りません」

そればかりではない。健太郎君が小学校の頃から家庭教師をつけていた。とはいえ、料亭の仕事もこなさねばならない裕子は、一日中健太郎君の世話をできるわけがない。健太郎君は裕子のことを「ママ」と呼ぶようになっていたが、実際に家事や身の回りの世話をしていたのは、老齢の家政婦だったという。

帽子のおじちゃん

小学生時代の健太郎君のあるエピソードを、裕子の親族の一人は周囲にこう漏らしている。

「健太郎は、（小沢のことを）『帽子のおじちゃん』って言うんだよな」

当時、小沢はゴルフをした帰り、料亭に立ち寄って食事をすることが度々あった。健太郎君も小沢と一緒に食卓を囲み、ゴルフ帽をかぶった小沢を見て、「帽子のおじちゃん」と呼んでいたというのだ。

小沢からラジコンをプレゼントされることもあった。そのラジコンを見せながら、

「帽子のおじちゃんにもらったんだ」

と嬉しそうに話したり、

「帽子のおじちゃんってやさしいんだよ」

と周囲に自慢気に話していた。

また、小沢は裕子のマンションにも通い続けており、その際には人目を忍んで裏口から入る姿が目撃されていた。その「帽子のおじちゃん」こそが紛れもなく自分の父親だということに、果たして幼い健太郎君は気がついていたのだろうか。裕子のことをママと呼んでいた健太郎君だが、本当の母親が誰かということはわかっていたのだろうか。

これも裕子の親族の一人が明かしていた話だ。健太郎君の少年時代に、たまたま親戚の間でサングラスの話題で盛り上がったことがあった。

その時に健太郎君は、こう口にしたのだという。

「ママのサングラス姿のほうがかっこいいよ」

直美は、芸能界に身を置いていたからか、健太郎君と暮らしていた時によくサングラスをかけていた。三歳に満たずに養子に出されたものの、直美のサングラス姿が脳裡に刻み込まれていたのだろうと親族たちはその時思ったという。健太郎君が、父親を知っていたかどうかは定かではないが、裕子が実の母親ではないということは、やはりわかっていたようだ。

その直美も健太郎君のことを忘れることはできなかった。

谷本と結婚してからも、家には小学生くらいの健太郎君の写真があったという。おそらく裕子が気を遣って送ってきたものではないか、とXは推測する。

また、直美の母も二歳半まで一緒に暮らした孫の顔がひと目見たくて、三時間ほどかかる都内の小学校にまで足を運び、グラウンドにいる健太郎君を遠巻きに見守ることもあったという。

裕子が教育熱心だった甲斐もあってか、健太郎君は都内でも有数の私立中高一貫校に進学した。それを聞いた直美は大変喜び、一度だけ体育祭のときに学校へ行ったことがある。グラウンドにたくさんいる生徒たちの中に、ようやくわが子を見つけた彼女は、実の母だとは名乗れないながらも、思わず呟いていた。

「あれが、健太郎……」

その有名校を卒業した後、健太郎君がどのように暮らしているのか、Xも知らないという。たしかなことは、今年（二〇一三年）で二十三歳になり、裕子のマンションには住んでいないということだけだ。

かつて「帽子のおじちゃん」と呼んでいた人物が、小沢一郎という政治家だったことは、成長するにつれて理解できただろう。だが、その人こそが自分の父親であることを知ったのはいつのことだったのか。あるいは、いまだに知らされていないのか――。

健太郎君を育てた裕子の人生も複雑な変遷を遂げていた。

料亭は九八年に閉め、その後、跡地に建てられた別の料理屋を経営する会社を設立して、代表取締役に就任している。さらに、赤坂の一角で女将として一軒家の古風な料亭を営んでいたが、〇八年にはそこからも身を退《ひ》いている。

その前年、還暦を超えていた裕子は、年下のファッション関連会社の元社長と結婚していた。だが、この夫とはなぜか一緒に暮らしてはいないようだった。いずれにせよ永田町で知られた裕子の姓は、この結婚を機に変わった。

しかし、それで小沢との縁が切れたわけではない。裕子が現在経営に携わる料理屋は、小沢グループの会合によく利用されている。小沢が離党して民主党岩手県連が分裂する以前には、民主党県議らが年末年始や選挙終了後に、小沢からこの料理屋に招かれて、黒豚のしゃぶしゃぶ料理などで慰労されていたという。また、陸山会事件の公判があったとき、小沢の支持者らがごく少数で開いていた勉強会で、裕子の姿が目撃されているのは先に述べた通りだ。裕子は熱心に皆の話に耳を傾け、「これは先生に教えてあげなきゃ」などと言って、メモを取っていたという。

和子と裕子に書いた手紙

私は二〇一二年四月中旬、裕子と小沢和子に手紙で取材を申し入れた。

裕子への手紙は、こうしたためた。

「政治家はすべて、出自、人間関係などを抜きに存在しえない公人中の公人だと思います。一人の政治家はその人間模様の中で形成されていき、一般国民が持てない権限を付与されているのです。小沢一郎という人間は何者なのか。その人間性を考える上で健太郎君の存在と、小沢が彼の父親だという命題は避けて通ることはできません。

事は健太郎君という一人の青年の将来にかかわることです。私は、父親が誰なのかを隠そうとすればするほど、健太郎君を傷つけていくのではないかと思います。裕子さんもまた健太郎君に手を差し伸べられない葛藤をかかえていくことになるのではないでしょうか」

一方、和子にはこのように書いた。

「実は裕子さんにはいまや二十歳を超えた男の子がいます。名前は健太郎です。健太郎君の父親は誰か。いまや私の中で小沢一郎が父親というのは確信になっています。和子さんは驚かれるかもしれません。しかし、親と子の絆は決して隠し続けられるものではないし、ましてや小沢は政治家です。なぜ、隠さねばならなかったのか。その不条理にもっとも傷つくのは健太郎君ではないでしょうか。

和子さんには三人の息子がいます。その子らと健太郎君は境遇こそちがえど、決して無関係ではないのです。彼らを傷つけたくもありません。子供に代わり親が言葉を発すべきではないでしょうか。複雑な心境をお察し致しますが、健太郎君に言葉をかけていただけないでしょうか。人は誰しも悲しみを胸にかかえながら生きています」

当時は和子の手紙を入手する以前だった。今から思えば、このとき和子は健太郎君の存在をすでに知っていたのである。

裕子と和子からの返答はなかった。が、健太郎君に言葉をかけてほしいという気持ちは、今でも変わらない。小沢事務所からも返答はなかった。直美にかつて中絶を要求した山田にも再三、事務所を訪れて取材を申し入れたが、拒否された。

最後に、どうしても会って話を聞きたかったのが、健太郎君の産みの母である直美だった。わが子を養子に出す経緯の中で、小沢といったい何があったのか。

手を尽くして彼女が住んでいる都内の高級マンションを探しだした。何日もマンションの周囲で待ち続けたが、彼女は姿を見せなかった。

取材班がマンションの管理人を通じて彼女に名刺を届けてもらうと、間を置かずに記者の携帯に電話がかかってきた。記者が「小沢さんの隠し子のことを調べてい

て……」と言うと、直美は最初、十九年前の私の取材を引き合いに出しながら、

「嘘八百です。全然関係ないです。そんなことを調べて何が面白いんですか」

と他人事のような口ぶりで話していた。

だが、記者が「料亭の裕子さんが育てた健太郎君も二十一歳になられました。直美さんが九〇年に産んだお子さんではないですか」と具体的に尋ねると、とたんに険しい口調になり、慌てた様子でこう繰り返した。

「いや、ちょっと、わからないです。私の方からは、一切お答えすることはできません……。どんなにご足労いただいても、お答えすることは一切ありませんので」

そう言って、最後は彼女のほうから電話を切った。

直美の夫である谷本もまた、私が何を聞いても、「一切お答えできません」と繰り返すばかりだった。

なぜ裕子のもとに

それにしても、なぜ直美は自分の腹を痛めて産んだ健太郎君を、裕子に預けねば

ならなかったのだろうか。二歳半になるまで自らの手で育てていたにもかかわらず、親子の仲を引き裂くように、裕子のもとに置いてきたのはなぜなのか。

Xによると、谷本は直美と結婚するにあたって、健太郎君も自分の籍に入れようと考えていたのだという。

「谷本さんは健太郎君を養子に出すことについて、直美さんから何の相談も受けていませんでした。それどころか、幼い健太郎君のいる生活を当然のように受けとめていたんです。ある時、谷本さんが『父親がいないのか』と聞いたら、『いない』って言うので、『じゃあ、こっちの籍に入れてやろうか』と言っていたぐらい、思いやっていたんです」

これは和子が手紙で書いていたことと、かなり違っている。

〈その人が別の人と結婚するから引きとれといわれたそうです〉

おそらく隠し子の存在が発覚したとき、小沢はこういう言い回しをして和子に弁明をしたのだろう。実際に小沢と直美の間でどのようなやりとりがあったのか、和子には知る由もない。

ただ、直美には谷本と結婚するにあたって、健太郎君を小沢に「引きとれ」と言う必要はなかった。彼女のほうが進んでわが子を養子に出したとは考えにくい。また、一般に未成年を養子に出す際には、家庭裁判所から許可を取る必要があり、実親と養親にも聞き取り調査などが行われる。

さらに言うなら、なぜ裕子だったのか。取材を重ねたところ、確実に言えるのは、これより以前に直美と裕子の間に接点はないということだ。となると、やはり小沢が裕子を引き取り先として選んだということになるのではないか。

〈三年つきあった女性〉との間に生まれた子を、〈結婚前からつき合っていた女性〉に引き取らせる。このにわかには信じ難い事実を前にしてみれば、和子ならずとも、政治家として以前に、小沢一郎という男の人間性をどう解釈したらいいのか、理解に苦しむのが自然だろう。

小沢が裕子に預けた物

健太郎君が裕子に引き取られる少し前、小沢はある物を裕子に預けている。

九二年、小沢にとって最大の難題は、東京佐川急便による金丸信への不正献金事件だった。小沢は事件処理について金丸から一任されていたが、五億円のヤミ献金を金丸に会見で認めさせてしまったことで、東京地検特捜部が捜査に乗り出していた。その処理問題などの責任をとって九月に経世会会長代行を辞任している。

その頃、永田町では特捜部の捜査の手が、小沢にまで伸びるのではないかと囁かれていた。

「昨日は明け方まで佐川急便の渡辺広康社長と金丸さんに付き合わされちゃって」

小沢がそう自慢気にぼやくのを聞いた政治家は何人もいた。

事件後自宅謹慎し、35日ぶりに姿を見せた金丸信

捜査の手が及びつつあるのではないか。そう感じたのか、小沢は側近に指示を出していた。

「小沢先生に言われて、先生の資料類を段ボール箱四、五箱に詰めて、裕子さんの住むマンションに運び込みました。東京のＪＲ目黒駅近くの立派なマンションで、部屋は一階でした。部屋に入るとすぐ和室があり、そこに段ボール箱を置きました」

すでに小沢のもとを離れていた元側近は、私にこう証言した。結果的に小沢が捜査されることはなかった。

表沙汰にされて困るものは、裕子のもとに隠匿して修羅場を乗り切る——。決して健太郎君をモノ扱いしていると言いたいわけではない。裕子と小沢の結びつきの深さは、傍からは想像もつかないほどなのだろう。

小沢と袂を分かった元秘書・髙橋嘉信は、裕子という存在について私にこう語っている。

「小沢家の力の構図は、総元締め・小沢一郎、筆頭秘書官が元料亭の女将の裕子、公設第二秘書が小沢和子。以下（の秘書）は小間使いに等しかった。私はさしずめ、小間使いの大将だったような気がします」

髙橋はかつて「小沢の懐刀」との異名で呼ばれたほどの秘書だったが、その彼でさえ裕子については閣僚にしか付かない「秘書官」と評しているのだ。それに比べて、和子は第一秘書ですらなく第二秘書でしかない。髙橋が言わんとしているのは、表裏を含めたあらゆる面で小沢が裕子に全幅の信頼を置いており、妻の和子をしてもかなわない確固たる序列があるということだ。

名前をつけてくれた

先に、出産を報告したときの直美と小沢のやり取りを紹介したが、私にはどうも心に引っかかるところが二つあった。一つは、男の子が生まれたと聞いて小沢がすごく喜んだという点だ。

まだ角栄に仕えていた頃、小沢はある代議士の女性秘書にこう言ったことがある。

「俺は男の子がたくさん欲しいし、育てたい。もしあなたが男の子を生んだ後で離婚をしたら、俺が一生懸命面倒をみてやるよ」

言われた女性秘書は、こう思ったそうだ。父が政治家で不在がちだった家で、小沢は母と姉二人の家庭で育ったため、淋しい思いをしていたのではないか、と。

Xによると、直美はお腹の子が男の子であることを願っていた。

二つめは、小沢が名前をつけたというところだ。健太郎というのは、もちろん仮名なのだが、一字だけは本名と同じである。それは「郎」という、小沢一郎から引き継いだ一文字だ。息子三人の中で、小沢と同じ漢字を使っているのは、長男だけだ。その名前は、小沢の座右の銘に由来している。小沢自身の名付け親は父親の佐重喜だが、『小沢一郎・全人像』ではこんな逸話が披露されている。

出生届に最初書かれていた名前は、実は「一」だった。佐重喜は自分の名前が読みづらいことから、書きやすくて読みやすい名前にしたのだという。しかし、役所に届けを出しに行った母親のみちが、これではあまりにも可哀想だと、「郎」を加えたのだという。

父から授かった名は長男に引き継ぎ、母からもらった一字は健太郎君に。小沢にしてみれば、せめてもの肉親の証のつもりだったのだろうか。

やはり、佐重喜とみちという両親のもとに生まれた頃まで辿るしか、謎を解く道は残されていないのかもしれない。

第五章

佐重喜とみちの秘密

「人格の形成に母親の影響は大きいですよ。父親じゃない。（略）子供は母親いかんですよ。父親がなんぼ飲んだくれでどうしようもなくても、母親がしっかりしていれば、ちゃんと子供は育ちます。女性の社会的な役割、使命というのはそれくらい大きいと思うんです。

おふくろは明治の女だから、昔流の教育で、躾けは厳しかった。明治時代の生き様を良しとして、あくまで親父を立てていた。お国のために役に立つ人間になろうっていうのは、なんとなくそのころから思っていましたね。

うちの親父は昔ながらの男で、女房なんか構わない方だったからね。構わないのはいいんだけど、そのうえ女房に選挙活動までさせた。だから、僕の場合はいわゆる親子の情のほかに母親に対する同情という気持ちがものすごく強くて、母の死は余計に悲しかったね」

著書『語る』で小沢自身が両親について触れている一節だ。自分の人格が形作られる上で、母からの影響のほうが大きかったと断言し、父によるものは余りにもあっさりと否定している。政治家だった父の後を継いだにもかかわらず、どういうことだろうか。ここに小沢の幼少年期に与えた両親の陰影の一端が顕著に現れているように思える。

水沢の家

母のみちが亡くなったのは、一九九五年二月十三日。九十三歳だった。そのとき小沢は五十二歳で、新進党幹事長の座にあった。

水沢の実家の裏手には、ソメイヨシノやヒガンザクラの桜群で知られる広い敷地の水沢公園がある。その一角に佇む水沢体育館で、みちの後援会葬が営まれたのは同年三月四日のことだった。小雪のちらつく寒い日だったが、弔問客は引きも切らず体育館から溢れた。その人の波は、岩手における小沢の支配力を示しているというよりも、むしろ「一年中選挙をやっているような」みちの人生を偲《しの》ばせるものだった。

「母の誕生日は二月十五日。その二日前に亡くなってしまった。父・佐重喜、そして私と、母の人生は政治生活をずっと陰で支えてくれた人生でした……」

みちの遺影を前に、小沢は震える声で言葉をつまらせ、何度も目頭をぬぐいながら挨拶をした。

「一郎、早ぐ家さ帰りでぇ。家さ連れでっておぐれ」

みちは晩年、入退院を繰り返していた。前に述べたように、八九年頃には東京・世田谷区の関東中央病院に入院している。病院まで深沢の自宅から十分とかからなかったが、小沢は毎朝母の病室に立ち寄るのを日課としていた。すると、みちは息子に「家さ帰りでぇ」と懇願する。時には病院の食事を拒みながら頼み込むこともあったという。

「おふくろがわがままばかり言って困るんだ。早く家に帰りたいと言うが、そうもいかないさ……」

小沢は知人にそう漏らしている。

みちが帰りたいと願っていたのは、水沢の実家だろう。深沢の家にみちが長く暮らしたことはない。湯島の家を売却して深沢に移ってからは、水沢の袋町にある家が、みちにとって息子と過ごした日々の思い出が唯一残っている場所だった。小沢が幼少期を過ごした水沢での暮らしぶりを辿ることで、どのようにして政治家・小沢一郎が生まれてきたのかが、おぼろげながらも見えてくるのではないだろうか。

東京大空襲から逃れて

奥羽山系の焼石連峰の雪は春になっても消えることがない。山あいの谷間の残雪は真夏でも残っている。その麓《ふもと》を国道三九七号線が西は秋田県との境まで伸びている。東に向かって北上山系を越えると三陸沿岸の大船渡に着く。焼石連峰の麓から三陸に向かう途中にある街が、水沢だ。晩秋ともなれば、田圃《たんぼ》を濃霧がおおい、寒い朝は白い霧をたてて霜が降りる日もめずらしくない。

その国道からやや奥まった場所に二階建ての古い民家がひっそりと佇んでいる。町名は袋町。あえて往時をしのばせるように残っているこの家こそ、少なくともこの二十年、政界の中軸で権勢をふるってきた小沢一郎が、みちと幼少期を過ごした実家である。

小沢は一九四二（昭和十七）年五月二十四日、東京・下谷区御徒町で生まれた。そのとき父の佐重喜はすでに東京府会議員で四十四歳、みちは四十一歳。二人にとっては、なかば孫のような長男だった。

四五年の三月、みちは長女のスミ子、次女の則子、そして一郎を連れて、佐重喜の故郷である水沢に疎開している。東京大空襲から逃れてきたのだ。石ころや雑草だらけの田舎道を難儀しながらリヤカーを引いてきたのだという。すでに十三歳になっていたスミ子と五歳の則子は歩けるにしても、三歳になるかならないかの一郎は、リヤカーに乗せるか、みちが背負うしかなかっただろう。佐重喜が水沢に来たのは、終戦を迎えた年の秋頃だった。

その翌年四月、佐重喜は岩手から衆議院選挙に出馬して当選。そして二年後の四八年には第二次吉田茂内閣で運輸大臣に就任しているのだから、小沢は物心のついた時には、すでに「代議士の子」、もしくは「大臣の子」だったことになる。

佐重喜の代から小沢後援会にいる古参幹部の一人は、私にこう語ったことがある。

「昔はとにかく、田舎の農家の旦那が水沢の町へ用足しに行って、小沢家に寄ってはコップ一杯の酒をごっぞう（ご馳走）になるのが、一番の喜びだっだなあ。佐重喜という男は非常に磊落《らいらく》でね。自分が飲んでいだ杯を、『まあ、一つやれや』と差し出す。肴がないど、自分で食っでいた鰈《かれい》を引っ繰り返して裏側の身を相手に勧めるもんだがら、田舎の親父は感激してね。

みちさんは偉い人だっだ。佐重喜が選挙さ出るどなると、小麦粉を買い込んできでな。鍋いっぱいの糊《のり》を煮て、バケツをぶらさげてビラを貼って歩くんだよ。『選挙は怖ろしいもの、油断をするなと佐重喜がらいっつも言われてきだ』どいうのが口癖の本当に苦労人だったぁ」

小澤佐重喜

佐重喜は一八九八（明治三十一）年、農業のかたわら馬車引きで生計を立てる貧しい家で生まれた。尋常高等小学校を卒業する前に丁稚奉公に出されたが、勉強をしたい一心で家出し、新聞配達などをしながら苦学して弁護士になったのである。

弁護士を開業した一九二四（大正十三）年に、

みちと結婚している。二十六歳だった。三つ下のみちは千葉県葛飾郡出身。もともとは庄屋をしていた裕福な家の出であり、東京の九段精華高等女学校を卒業していた。

佐重喜の元秘書によると、佐重喜自身は選挙の時以外には、ほとんど水沢に帰ってくることがなかった。小沢は母と二人の姉と水沢で暮らし、父は東京・湯島に住んでいた。

「地元はみちさんに任せっぱなしだったぁ。佐重喜さんがたまに水沢に帰ってきだとき、晩酌していだのを覚えている。小ぶりのヤカンで酒をわかして飲んでいるんだが、すぐに足りなくなって『もう、一つ頼む』と言っては、みちさんから『もう、終わりだ』と止められで、ささいな口喧嘩をしていだったなぁ」

佐重喜は選挙に強いわけではなかった。みちは地元で農村部をまわり、票の掘起こしに懸命だった。中でも結束の固い農村の婦人票を集めようとしていた。同じ選挙区で敵対する椎名悦三郎は戦前の商工省出身で商工族であり、商店主関係の票は期待しにくかったからである。元秘書は言う。

「まだ農業で食えた頃さ。みちさんは農家の婦人らさ声をかげで『宮城《きゅうじょう》奉仕隊』を組織したもんだ。年に何回となく東京に行っだぁ。五泊ぐらいの予定で水沢駅から夜行列車に乗り、途中で日光さ寄って、三日間は宮城の掃除をしだ。伊豆に足をのばすに行くこともあっだな。帰ってきたら、村の公民館で慰労会だ。そこには、みちさんも来た。みちさんは母ちゃんたちに人気があったがらなあ。結束は固かった。皆、東京さ行けることを楽しみに農耕仕事に精を出していだぁ」

みちは、野菜を担いで佐重喜のいる東京に行っては、水沢に戻る生活だった。水沢にいても、夕飯時に帰宅することがめずらしいくらい、佐重喜の後援会の家を一軒一軒めぐっていた。

1969年の初当選でみちと握手をする小沢

姉・則子の述懐

「一郎は、いっつも則ちゃんど一緒だったな」

当時を知る小沢の同級生に聞くと、決まったようにこう言って笑う。二歳上の姉・則子のことだ。彼女は早生まれのため、学年だと三つ上だった。

都内杉並区のマンションに住む則子のもとを私が訪ねたのは、小沢が新生党代表幹事で細川護熙政権の事実上の最高実力者だった、九三年十二月のことだ。水沢で小沢の取材をしての帰路だった。

「家族の中では、私がいちばん弟と一緒にいたんじゃないかしら。夜は家の真ん中に二人で寝ていましたよ」

そう語る則子は、写真で見た佐重喜の面影にどこか似ている感じがした。長女のスミ子は早くに東京に出ていた。ふっくらとした赤みがかった頬は雪国育ちをうかがわせ、弟との思い出話を時に目をうるませながら語るのだった。

「弟は、子どもの頃は色が白くぽちゃっとして、とてもかわいい子だった。いまでも弟がどういう状態なのか、顔をひと目見ただけでわかるの。昔とちっとも変わらないもの。

最近、テレビで見るあの子はつらそうだわ。細かいことを気にしないように見えるけど、本当はけっこう気に病むほうだから。まわりから何のかんのと言われて、精神的にこたえているような気がしてならない……。かわいそう。

大きくなるにつれて無口になっていったところは、やはり東北人だと思う。自分のことを率先してペラペラしゃべらないから、弟が政治家になるのが私は心配でした。普通のサラリーマンになれば、普通の生活ができて、もっと私も弟と行ったり来たりできたのに。

弟が政治家になるのを、母がどう思っていたのかはわかりません。母に聞く機会がなかったんです」

姉は政治家になってからの弟のことを、何度も「かわいそう」と同情していた。

小沢にはもう一人の姉・長女のスミ子がいるが、一郎が小学校に上がった頃に、彼女は進学のため東京に移っている。小沢と年齢が十も違うので、子供の頃に一緒に遊んだ記憶は薄いだろう。

一番身近なきょうだいである則子のことを、小沢は「のりネェ」と呼んでいた。

笛吹童子と鞍馬天狗

「母がたまに袋町の家にいる時でも、お客さんがひっきりなしに訪ねてきたの。家は狭くて、卓袱台《ちやぶだい》のあった六畳間から玄関は目と鼻の先ですから。お客さんが来ている時、静かにしていないと母に叱られたんですよ。

二人ともラジオを聴くのが何よりの楽しみで、なかでも笛吹童子。ピーヒャララという音が聞こえると、始まるぞと言って、ラジオのそばに寄って耳をそばだてて聴いていたんです。とにかく、よくお客さんが来ていたので、ラジオの音を小さくしないと母に叱られるから。

あの頃、私は美空ひばりがとっても好きで、弟は嵐寛寿郎演じる鞍馬天狗の大ファン。風呂敷を頭に巻いてマネしては、狭い縁側をダーッと走って、母にしょっちゅう叱られていましたね。

母の躾はたしかに厳しかった。家の縁側を走ってはダメ。ダメなものはダメというか、これをしてはいけない、あれをしてはいけないということが多かった。男まさりというか、明治の女性だから、しっかりしていたんです。でも母はね、本当に弟をかわいがったんですよ。母と子の絆というような、目の中に入れても痛くないぐらいに愛情をそそいでいたんです」

その頃、小沢の遊び場はもっぱら家の裏に広がっている田圃か、駒形神社だったという。春には桜が咲き乱れる水沢公園に隣接した駒形神社まで、子供の足でも田圃の畦道《あぜみち》を歩いていけば五分とかからない。神社の境内にサーカスが来た時、則子はみちに貰った小遣いを握りしめ、弟の手を引いて観に行った。則子は三十円、一郎は十円だった。

奥州市水沢区の実家

「弟はガキ大将という感じでは全然なかった。いつも決まって親分の後ろをトコトコくっついて歩いていたの。ケンカをしていじめられても、べそをかきながらトボトボとついていくんですよ。冬になると、手に霜焼けをつくっても、裏の神社や田圃で雪山をつくって暗くなるまで遊んでいた。昼、夕方と私が出ていって、ご飯よって声をかけないと家に帰らない子だった」

秋には裏の田圃で四つん這いになって競走をし、冬には公園で日が暮れるまでソリ遊びに興じていたという。

坊主頭の一郎の手を引いて

水沢小学校で則子の担任をしていた大内一男も、小沢がいつも則子と一緒にいたことを覚えていた。

「一郎には、則子以外に身近な人間はいなかっただろうな」

まだ食糧事情が悪かった当時、大内は実家が農家だったので、米がたくさん穫れたら腹いっぱいモチを食べさせてやる、と児童たちに約束していた。ある年の収穫がよかったため、その約束を果たそうと、児童たちを実家に呼んだときのことだ。

「大きな鍋で小豆を煮で、私は四苦八苦して砂糖を調達してきたもんです。そして日曜日、児童たちは田舎道を隊列を組んでやってきました。そうしたら則子は坊主頭の一郎の手を引いてきだんですよ。一郎にも食べさせてあげだがっだんでしょう。その後、何度かモチを振るまっだんですが、その度に水沢駅から二つ上った前沢駅まで汽車に乗って一郎を連れてきた。弟思いの則子がいたいけでした」

大内によると当時、給食といえば脱脂粉乳を使ったミルクだけで、それを飲めない児童が少なくなかった。無理に飲ませると、鼻から戻してしまう子もいた。主食は弁当。中身は麦飯、大根飯、豆。おかずは魚の味噌漬け、納豆、梅干しなど。卵は貴重品だった。クラスの中には弁当を持って来られない子もいたようだ。山林や原野の開墾に入った家の子らは、昼食の時間になると何も言わず連れ立って教室からいなくなったという。

「その姿がかわいそうでね。何度、負げるなど声をかけだことが……。その度に、『はい、負げません』と声を上げるんだよなぁ」

服にしても、兄や姉のお下がりでつぎはぎだらけのものを着ている子がめずらしくなかった。古い学生服のボタンが全部はずれて、ズボンの腰を縄で縛っている子もいた。シラミのわいた服を着ている子がいると、則子らが、すぐに服を脱がせて用務員室から借りてきた熱湯をかけて消毒し、洗濯をしてやった。則子はそのように面倒見のいい子だった。

国会見学

則子が小学校四年で小沢が小学校一年の冬休み、担任の大内のもとに東京にいる佐重喜から一通の電報が届いた。

「急用アリ、至急上京サレタシ」

第三次吉田内閣で、佐重喜が電気通信大臣に就任していたときだった。何があったのかわからないまま、大内は上京し当時恵比寿にあった佐重喜の宿舎に向かった。

到着すると、佐重喜はこう言うのだった。

「則子と一郎が姉弟ゲンカをしてダメなんだ。なんとか面倒をみてくれないか」

冬休みで東京に遊びに来ていた二人の子守り兼家庭教師をやってほしいというのだ。上京してしまったので、断るわけにもいかず、大内はしばらく則子と一郎の世話をすることにした。

「二人を連れてＮＨＫに見学に行ったりしましたね。佐重喜さんの秘書も一緒でしだ。電波を所管する大臣の子供が来たということで、ラジオの収録現場を見させてもらっだり、特別待遇でしだよ。宿舎では、一郎が非常ベルのボタンを指さして、『先生、これを押すどな、お巡りさんがたくさん走ってくるんだよ』と自慢げに話していましだ。まだまだ、やんちゃざかりでしだから」

国会見学にも行った。佐重喜の部屋に入ると、小沢ははしゃぎまわる。

「これが父さんの机だな。ここで父さんは何やってんだべえ」

と靴をはいたまま机の上にあがってしまったのだという。

「そんなことしちゃいけません！」

則子がこう叱ると、一郎は反省するそぶりも見せずこう返す始末だった。

「なあに、のりネェはすましているんだあ」

息子を気にかけていた佐重喜

このときは幼い子供二人の世話を大内に押し付けた佐重喜であったが、普段から不在がちだったぶん、子供たちの様子を見るために何の連絡もなく水沢の小学校に小沢を訪ねてくることもあったという。そんなときは決まって則子が、「父が来るらしいんです」と大内にそっと耳打ちしてきた。

「いつも、どったなごとをやっているんですが？」

「小さい頃は、何をしでいだんですが？」

物珍しさからか、質問攻めにする児童たちに嫌な顔ひとつせず、佐重喜は一つひとつ丁寧に受け答えをしていた。やはり則子と一郎のことを気にかけていたのだろう。二人は父・佐重喜の姿を前に俯いていた。

則子から見た、佐重喜と一郎の関係はどのようなものだったのだろうか。

「父は水沢の家にいることは少なかったんですが、弟を本当にかわいがったんですよ。盆や正月に水沢へ帰ってくる時、母と私と弟と三人で水沢の駅まで迎えに行きました。父は弟を『おう、坊主、坊主』と言っては抱き上げ、肩車をしていました。

父が帰って来られない時は、こちらから湯島の家に行ったんですけど、弟はそこでも家の中で廊下を走り回っていた。あまりにも廊下を走るものだから、父が叱って弟を庭の木に縛ったこともあったけれど、岩手に帰る時は父が上野駅まで送りに来て、『坊主、母さんのことを頼んだぞ』と言っては肩をたたいていました。

鎌倉に家族旅行をしたこともありましたよ。父も弟も泳げなかったんですが、その時、弟の乗ったボートが流されそうになって、父は慌てて海の中を走っていって、弟のボートをガッとつかんだんですよ」

則子は問わず語りに、父と弟との思い出を笑顔で語っていた。佐重喜が家族サービスで伊豆旅行に連れて行くこともあった。佐重喜の十三回忌に合わせて出された『人間　小澤佐重喜』（小沢一郎後援会・陸山会発行、一九八〇年）には、小沢が小学校五年生のとき大洗海岸へ海水浴に行ったときのスナップ写真が掲載されている。家族が勢揃いする中、父は後ろから坊主頭の息子の両肩に手を置いて笑っている。

一年のうちほとんどを東京で過ごす佐重喜が、できる限り家族と過ごす時間をつくっていたことが窺《うかが》える。

佐重喜がはじめ小沢を「一」と命名したことは前に述べたが、これは自分の名前が読みづらかったことに由来している。佐重喜という名前は、五月に生まれたため、「サツキ」にちなんで「サヅキ」という読みだったのだ。地元で佐重喜を古くから知る人たちは、サヅキ、あるいはサジュウキと呼んでいた。それが選挙に出るとき、「オザワサヅキ」では濁音《だくおん》が重なるので読みづらかろうということで「サエキ」に変えたのである。言葉に出して息子に言ったことはないものの、やはり佐重喜は小沢に政治家を継いでほしかったのだろう。

とはいえ、父は水沢にほとんど帰ってこず、母も後援会まわりが忙しくて家にあまりいない。幼いころの小沢にとって、そんな生活が淋しくないわけはない。

政治家の息子であること

ただ、姉の則子のほかにも、小沢には身近な仲間がいた。動物だ。則子が言う。

「弟は小さい頃からむやみやたらと動物が好きだったの。いろんな動物を家に連れ込んできたんですよ。鳥、犬……、本当に見境なし。『鳥の卵を孵化《ふか》させるんだ』と言っては、火鉢に卵を入れて母に叱られたりして。傍らで見ていても、気持ち悪くなるぐらい。湯島に行った時は、すぐそばの上野動物園にも夢中で毎日のように通っていました。弟は異常なまでに動物が好きでした」

動物好きは今でも変わらない。特に鳥を飼うのが好きで、いままで深沢の鳥小屋で文鳥、錦華鳥《きんか》、カナリヤ、キジなどを飼育してきた。

『小沢一郎・全人像』では、小沢が鳩を飼おうとしたときのエピソードが紹介されている。

ある時、小沢は鳩を飼おうとしてリンゴ箱を二つ繋いで金網を張った巣箱を作った。ところが、みちに猛反対される。

「鳩を飼うと、近所に糞をまき、外に放せばよその鳩を連れて帰る。他人様に迷惑をかけるようなことをしてはいけない」

と厳しく叱られてしまったのだ。小沢はその時、相当に一人悔しい思いをしたのか、同級生の家に行ってそこの鳩小屋を日が暮れるまで見ていたという。他人様の迷惑になるようなことをしてはいけない。この点でみちの躾は一貫していた。お手伝いをしていた早川サクによると、小沢家の躾には三つの柱があったという。すなわち「出しゃばってはいけない」「人に逆らってはいけない」「喧嘩してはいけない」の三つである。小沢は常に「政治家の息子」であることを意識せざるを得ない境遇で育てられる。

みちにしてみれば、そんな息子が不憫《ふびん》でならなかったにちがいない。だからこそ、みちは小沢を人一倍溺愛した。一緒に過ごす時間が一番長かった則子は、中学を卒業する頃になると、長女と同じように東京に出ていった。小沢が中学に上がろうとする時期だ。末っ子の一郎が大きくなったことで、みちも夫のいる東京で過ごすことが多くなっていた。

お手伝い・サクのぬくもり

そんな夜、小沢は母親のぬくもりがいとおしかったのか、サクの布団にもぐりこむこともあったという。二人の年齢差は二十五。年だけでいえば実母よりも母らしいサクは、一郎が小学生のころには水沢の家に住み込みで働いていた。

サクはそんな昔を懐かしそうに振り返った。

「一郎さんは釣りが好きでね。北上川に行ってはウナギやフナ、ナマズを釣っていたもんです。ただ、よそ様に怒られるというようなことはなかった。一郎さんが中学校の時代は、お姉さんも東京に行ってたから、私と二人だけの日々がありましたよ。私は息子のような感じがしてならながった。寂しがったのでしょう、私の布団にもぐりこんでくるこどが何度となくあった。『おばちゃんと一緒だと、あったがい』と言ってね」

母のみちは既述したように四十歳を過ぎて生まれた息子を孫のように溺愛した。だからこそ小沢は母の不在でぽっかりと空いた淋しさを埋めるかのようにサクに甘えたのだろう。

だが、そのサクとも別れる時が来る。小沢は中学二年の三学期を最後に水沢を離れ、父の住む東京・湯島に行くことが決まっていた。

本来ならば、もっと早く上京するはずだった。成績優秀だった小沢は、中学進学にあたって、東京教育大附属中学校(現筑波大学附属中学校)を受験したが、失敗しているのである。このとき試験に懐石料理の並べ方が出て、まったくわからなかったという逸話はつとに知られる。佐重喜は自分が働きながら苦学しただけに、子供たちの教育には熱心だったようだ。

水沢では地元の常盤中学に進学し、短距離走や習字が得意で、NHK主催の合唱大会のメンバーに選ばれたこともあった。

二年生の担任をしていた鈴木吉男は、当時の印象をこう語っている。

「私が担任した中学二年というのは、ものごとに敏感な年齢ですが、一郎君は親に反抗するということがなかった。それは、みちさんの薫陶《くんとう》でしょう。世間に迷惑をかけてはいけないということをわきまえながら育ったと思う。私の知る限り、人と争ったり、人に嫌われるようなことをしたりする子ではなかった。

勉強もよくできたんです。東京へ転校する直前の二年の二学期の期末テストは、五教科五百点満点で四百九十五点というすごい成績でした」

東京の学校へ移る日が近づいてくると、鈴木が同級生を集めて、ささやかな送別会を開いた。そこには、みちも参加していた。

「一郎くん、また休みになったら水沢に帰ってこられるから。いいね」

鈴木がそう話しかけると、小沢は「ハイッ」と答え、涙を見せることもなかった。

政治家、大臣の長男――。この立場をわきまえ、決して世間様に迷惑をかけてはならない、と事あるごとに母に言われて育ってきた一端が垣間見える。


少し時を遡るが、『小沢一郎・全人像』では、小学校二年生のときの担任の石川久江が、次のような思い出話を語っている。

転校してきた児童が、小沢にこう言ったのだという。

「小沢君はいいな。お父さんが大臣だもんな」

当時、佐重喜は電気通信大臣だった。

「そんなこと言うな！　A君のお父さんは郵便局、B君のお父さんは石屋さん、僕のお父さんだって、それと同じだ。皆のお父さんと同じだ」

こう言って小沢は反論したのだという。

皆のお父さんと同じじゃないかと向きになって言い返しているところに、「大臣の子」として見られることへの反発が感じられる。

また、中学担任の鈴木が言うように、反抗期らしいものがなかったことが本当であれば、それはそれで不自然なことのようにも思える。大人、子供の別なく、常に他者から自分がどう見られているのか、意識せざるを得なかったということなのだろうか。

小沢が中学校に通っていた頃、こんな逸話が残っている。音楽担当教師だった朝倉牧子が、かつて私に語ったものだ。

水沢駅からさほど離れていない映画館「みその座」に生徒を引率して行ったときのことだ。本編の前にニュース映画が流れた。そのニュース・フィルムの中に、一瞬だが国会の議場で佐重喜が怒号を浴び、背広をもみくちゃにされながら立っている場面が映し出された。

映画を見終えて外に出ると、小沢が一人悔しさに肩を震わせていたのである。心配した同級生らは「ドンマイ、ドンマイ」と小沢の肩をたたいて慰めていたという。

議場で野党から攻撃される矢面に立つことの多かった佐重喜にとって、乱闘でケガをすることもしばしばだった。年代から推測すると、このときのニュースは、一九五六年五月、衆院公職選挙法改正特別委員長だった佐重喜が、社会党議員に室外に担ぎだされ、ズボンを引き裂かれて打撲を負ったときのことを報じたものだった可能性が高い。

父との思い出がない

小沢は父の佐重喜をどのように見て育ったのだろうか。母について語っている言葉は少なからずあるのだが、父のことになると極端に少ないのである。きちんと父について言及しているものとしては、『人間　小澤佐重喜』で掲載されている、追悼文がある。そこで小沢は幼少年期に父との思い出がほとんどなかったと書いている。

「私たち家族は、それまで、母みちと姉二人、私が郷里、水沢で暮しており、父は一人で東京・湯島の自宅に住んでいた。選挙をする者、そしてその家族が直面しなければならない宿命で、このような変則的な生活をしていたわけである。父は、ほとんど郷里に帰ることはなかった。従って、幼児期、少年期に他の友だちのような父との生活の思い出はほとんどない。

私が、少年時代のことで世間の父子と同じような気持で思い出せる唯一のことは、小学校に上がる前の頃だったろうと思う」

そして、たった一つだけ思い出せることとして、自宅裏の田圃の畦道を、父とともに手をつなぎ、あるいは肩車をしてもらって歩いたことが懐かしいと書いている。だが、姉の則子が語っていたように、家族旅行や、東京へ行ったときのことなど、他にも父との思い出はあるように思える。自分の後援会で作った父への追悼文集で、わざわざ父との思い出がほとんどないと綴っているのもどこか違和感を覚えざるを得ない。

小沢は、上京して父と一緒に暮らすようになってからのことも書いている。

「昭和三十三年、私は無事小石川高校に入学することができた。ちょうどそのころから、日米安保条約改定の話が、政治の大きな課題となってきていた。小石川高校の友人の中でも、全学連の運動に参加し、安保改定反対の渦中に入った人も何人かいた。私は、幼・少年期に父親と一般家庭のような生活をしたことがなかったためか、父親としての小沢佐重喜には、親しみというか、父子の情愛というか、そういう情緒的な思いはあまり持っていなかった。しかし、安保騒動のあった高校生のころは、少年なりに、政治家として、男としての父を、敬意と若干の誇りを持ちながらながめられるようになっていたように思う」

小沢が高校二年から三年にかけて、佐重喜は衆院日米安保条約特別委員長を務めていた。この時期に政治の世界に興味をもつようになったと、小沢は問われるたびに答えている。

安保改定騒動

そして安保改定騒動の波が、文字通り湯島の小沢邸を襲ったのである。

岸信介首相や藤山愛一郎外相らにより一九六〇年一月にワシントンで調印された新安保条約は翌二月に、国会に上程された。しかし、国会は「極東の範囲」や「事前協議」をめぐり紛糾。岸内閣は五月十九日、衆院の質疑打ち切りを強行、五月二十日未明、警官隊を国会に導入し、新安保条約を自民党単独で強行採決した。

これに抗議する「安保改定阻止」を掲げた集会やデモの規模は日増しに広がり、六〇年六月十五日から二日間で五百八十万人が参加している。六月十五日には警官隊と衝突した学生の中で、東大生・樺《かんば》美智子が死亡し、世情は騒然としていた。

そんなある日、「安保反対」と叫ぶデモ集団が、湯島の家に押しかけようとしてきたのだ。本富士署から派遣された警官が、身の安全を保証できないので避難するように要請に来た。

すると、家族のなかで高校生の小沢だけが憤然として猛反対したのである。そのときの弁を、前掲の追悼文で小沢はこう書いている。

「安保条約は、日本の安全保障のため是非必要である。そのためにこそ、父は生命をかけてこの条約の改正は成し遂げなければならないと決意を固め、特別委員長としてやっているのだ。国のために正しいことをやっているのに、無謀なデモの暴力から、一時とはいえ逃げるような行為は、納得できない」

後に、みちは「あの時は一郎が言うことを聞かなくて困った」と中学の担任だった鈴木に語っている。そのときみちが語ったところによれば、小沢はこうまで言い放ったのだという。

「野党の政治家が、一般市民を巻き込んで騒ぐというのは、どういうことか。俺は動かん、どうしてもというのなら、俺は死ぬぞ」

私が取材した限りでは、小沢が政治に関して初めて自己主張をした瞬間である。

だが、当時の同級生らは「ノンポリで坊主頭の普通の高校生という印象しかない」という。あの佐重喜が小沢の父親だということを知らない同級生も少なくなかったようだ。授業の後、デモ隊を組織して国会へ向かう学生運動に参加していた別の同級生は、こう語っていた。

「小沢君のことで覚えているのは一つだけ。デモに行くぞという時、小沢君が僕の背中をたたいて、『気をつけて行ってこいよ』と声をかけてきたんです。休み時間などにクラス討論を僕が開いていたが、小沢君がふらっと一人で入ってくるものだから驚いたんです」

幼少期からの母の躾が高校時代でも生きていたということなのだろうか。いずれにせよ、デモ隊が押し寄せてくるという緊迫感の中で、小沢が初めて心の裡《うち》に秘めていた政治への思いを吐き出したということなのかもしれない。

このデモ隊騒動の後、佐重喜とみちの間である諍《いさか》いが起きる。

安保改定後の六〇年七月、岸信介内閣が退陣し、池田勇人《はやと》政権が発足する。佐重喜は安保改定推進で骨を折る働きをしたのだから、みちはその功労で入閣するのが当然と思っていた。地元では支援者たちも入閣を心待ちにしていた。みちはモーニングにアイロンを当てておかねばなどと気負いつつ上京する。

ところが、佐重喜は入閣要請があったが、若い江崎真澄に譲ったと妻に告げる。江崎は池田勇人内閣で防衛庁長官に初入閣する。

「これを聞いて私は、全身の力が抜けてゆくような気がいたしました。何と言う人だろう。こんな重大なことを、この私に一切相談せずに決めるなんて。一体この人は、自分の選挙をどのように考えているんだろう。もうくやしくてくやしくて、夕食はまるで砂をかむようでした。（略）

もう押えがきかなくなった私は、バタバタと階段をかけ上り、ドアをけ破るようにして主人の書斎に飛び込んだのです。日頃の主人に対する、うらみつらみが、せきを切ったように口から流れ出ます。

『年中選挙区にいて苦労している私のことを、どのように考えていらっしゃるのですか。貴方の大臣をあんなに待っている、支持者の方々の前に、今さらおめおめと帰れません』――畳をたたいて主人を非難しているうちに、感情が一層たかぶって来まして、もう歯どめがきかなくなってしまいました。

『貴方のような方と、もう一しょに生活出来ません！　おひまをいただきます。財産を半分私に下さいッ。いただいたら、あすにでもこの家を出てゆきますッ』――これだけ言うと、ドアを力一ぱいバタンと閉めてかけ降りました。あとで気がつきますと、主人はその間、一言も怒りもしなければ、弁解やなだめもしていません。始めから終りまで、黙って私の顔をみつめていただけでした」（『人間　小澤佐重喜』）

もっとも、組閣発表の後、佐重喜の謙譲の美徳が新聞などで称賛されると、みちは機嫌をなおすのだが、どれほど必死の思いで地元で選挙を戦ってきたのか、みちの忍従ぶりが偲ばれる話である。

同級生の女子は、その頃、小沢がよく口にしていた言葉が忘れられないという。

「もし、おふくろがいなかったら、親父は政治家なんてやってられないな」

父の実像に幻滅

小沢が佐重喜と一緒に暮らしはじめたのは、中学三年で東京・文京区立第六中学校に転入してからである。

母一人の住む水沢を離れ、遥か遠い上野に向かう。当時の時刻表を見ると、水沢駅から上野駅まで東北本線の急行列車で約九時間かかった。鈍行に乗ると約十五時間だ。雪国で育った子にとっては、山あいを縫ういくつものトンネルと鉄橋を渡る長い旅だった。

その頃の湯島は都内でも有数の花柳界だった。不忍池の側に「下谷花柳界」、そして湯島側には「天神下花柳界」があり、昭和初期の最盛期には一千人を超える芸者衆がいたという。小沢が青春時代を過ごした頃は、盛りを過ぎていたが、それでも路地の奥からは小唄や三味線や琴が聞こえてくる風情のある街並みだった。

湯島の家からほど近いところにある一軒の寿司屋は、佐重喜を担当する新聞記者たちの溜まり場だった。そこの主人が当時を思い出して語った。

「佐重喜さんは湯島の料亭で毎晩のように飲んでいましたね。正月や盆暮れにも芸者衆が、『お父さん、お父さん』と呼んで自宅にも挨拶しに行っていたもんです。当時は、あれだけの政治家ならそれぐらいの遊びは男の甲斐性で当然という時代でしたからね」

かつて小沢は、田中角栄の秘書だった早坂茂三にこう語ったことがある。先に触れた安保改定で野党や世論の攻撃に耐えている佐重喜を見たときの小沢の実感だ。

「いい加減なマスコミや世論にさんざん袋叩きにされる父親の姿を間近に見て、政治家はつくづく嫌だ、こんな泥水商売はやりたくない。そう思っていたんです」

政治家稼業を継ぎたくないと思っていたのは、これだけが理由ではない。湯島に来てから自分の目で確かめた、父の姿に幻滅したことも原因だったというのだ。

早坂がこんなことを話したことがある。

「イッちゃんはね、本当は政治家になんてなりたくなかったんだ。おっかさんや周りのオジさん、オバさんに言われて、しかたなく選挙に出たというのが実態だ。湯島で佐重喜さんが芸者を家にあげては、ドンチャン騒ぎするのを見て、これが男子一生の仕事かと呆れていたんだ」

男子一生の仕事か――。小沢は政治家を嫌った。

大学受験のために息子が机に向かっているのにもかかわらず、佐重喜は家で宴会を繰り広げることまであった。

水沢で、小沢はみちから政治家の長男としての立場をわきまえるよう、厳しく躾けられて育った。その母親が不在がちだったのも、寝る間を惜しむように駆けずり回っていたのも、父親のためではなかったのか。その尊敬すべき父親が芸者たちと飲んでは騒ぐ姿を見て幻滅を覚え、「政治家にはなりたくない」という思いを強めたのである。

「親には従う方針だからさ」

しかし、だからといって佐重喜に抗うようなことはなかったらしい。

則子が覚えている限り、高校生当時の小沢が父に食ってかかるようなことはなかったという。

「弟は母にはよく口答えをしていたんですよ。でも、湯島では父が何を言っても、『はい、はい』と返事をするので、父は不思議がっていたんです。『一郎は何を考えているのか、さっぱりわからん。母さんに似て辛抱強いのか』とも言っていました。弟になぜ、いつも『はい』なのかと聞いたら、『俺は考えは違っても親には従う方針だからさ』と平然と言うんです」

高校の同級生らによると、当時の小石川高校は屈指の進学校でありながら、自由な校風で知られていた。正門の近くに雀荘があり、そこに入り浸っている生徒がいたり、酒を飲んでいても咎《とが》められないような雰囲気があった。

小沢と同じく柔道部に籍を置いていた同級生は、湯島の家に何度も遊びに行ったことを覚えている。

「小沢はいつも若年寄のようで、何かを悟ってしまったような態度だった。私の直感ですが、小沢はおふくろさんの影響が強かったんじゃないか。本人は自分のことを話さなかったが、そう感じましたね。

彼の家に行くと則子さんがいて、よく三人で世間話をしたもんです。家の中は広かったなあ。玄関を入ると左側が応接間で、親父さんの尊敬している吉田茂の胸像がありましたよ。小沢の部屋は二階でベッドがあった。板張りで本が少しあって、窓から庭の植木が見えた。二人で座ってよく日本酒を飲んだもんです。やつは強かったな。でも、酔っぱらっても、あらぬことを口走るなんてことはなかった」

この同級生は湯島の家で何度かみちと会っている。いつも、和服姿でメガネをかけた目を細くして、笑顔で同級生の話を聞いていた。時に水沢から上京してきた人がいると、とたんに東北の訛り言葉になって、何の話をしているかわからなかったという。

著書の『語る』で小沢は、旧制第一高等学校の寮歌で有名な『嗚呼《ああ》玉杯に花うけて』の影響で一高に憧れていたと語っている。しかし、そんな学生時代はもうないとわかり、ばかばかしくなってしまったのだと言って、こう続ける。

「高校に入ってすぐ、全然、受験勉強する意欲がなくなった。それで、自分の興味のある社会科学の本なんかばっかり読んでいました」

バスの中で歌った『北上夜曲』

同級生たちに話を聞いても、あまり目立ったエピソードが出てこないのだが、別の同級生には、ひとつだけはっきりと覚えている場面があった。

それは高校三年の修学旅行で、東北へ十和田湖や中尊寺を巡った時のことだった。小沢たちの乗るバスが途中、水沢・袋町を通りかかった時、沿道で母親のみちが手を振っていた。すると、やおら小沢が立ち上がって、歌い出したのだ。

「匂ひ優しい　白百合の……」

昭和三十年代に歌声喫茶などで歌われて大流行した『北上夜曲』である。北上川の河畔で初恋の相手を想う抒情的な曲だが、六一年に『サンデー毎日』で作者不明の愛唱歌として紹介されたことをきっかけに、作曲者の安藤睦夫が名乗りをあげて、レコードや映画などになった。これを小沢が歌い出すと、バスの中で全員の合唱になったという。

秘かに思いを寄せた女子学生

小沢は東京大学を二度受験したが、いずれも失敗している。幸い早稲田大学と慶応義塾大学に合格したところ、みちが「地元でも早稲田出身は大勢いるから」と勧めたため、慶応の経済学部に進学した。

大学ではめったに授業に出ず、アルバイトに精を出していた。その頃の小沢には、故郷の水沢に秘かに思いを寄せていた女子学生がいたようだ。田中角栄の秘書・佐藤昭子によると彼女は医学生だったという。親があまり小遣いをくれないので、日給の高いトラックの運転手などをして、水沢までの旅費にしていたのである。

佐重喜は息子に政治家になれとは言わなかったが、司法試験を受けて弁護士になれればと盛んに言っていた。その言葉に小沢は従った。慶応を卒業すると、父の母校でもある日本大学の大学院に進学し、弁護士を目指すようになる。

小沢が弁護士を目指すようになったのは、父の勧めのほかにも理由があったと思われる。

まだ少年時代のことだが、みちは則子の小学校時代の担任・大内一男にこう語っている。

「主人は私と『今のように忙しい政治家より、みすぼらしくとも庶民の人権のために働ぐ弁護士の方がずっとよがったね』と話しでいるんです」

苦学して高等文官試験に合格したときに佐重喜は、冬だというのに、下駄を手に持って裸足でみちのもとへ走ってきたという。父が歩んできた道を進もうとしただけではなく、みちが佐重喜とともに若いころ過ごした日々を、小沢はもう一度見せたかったのかもしれない。

大学院で弁護士を目指していた頃、父は体調を崩し始めて、宴席を断って夕方には帰宅するようになっていた。姉二人はすでに嫁ぎ、母は相変わらず水沢で選挙区まわりの毎日だった。湯島の家には父子ふたり。ときどきは佐重喜の晩酌の相手をするようにもなっていた。

父・佐重喜が心不全で急逝したのは一九六八（昭和四十三）年五月八日。小沢が二十六歳になる目前だった。

死ぬ間際に父と交わした会話を小沢は『小沢一郎・全人像』で明かしている。

「うちの親父はやるだけやったさ。夢は議長をやって辞めることだった。藤山（著者註：愛一郎）さんについたから駄目だったけど。俺、死ぬ前に親父に言ったもの。『やりたいことやって、したいことして』と言ったら、『そうだな』と言ってた。そりゃ、水呑み百姓から大臣やって、残るは総理大臣やらなかっただけだから、本望だろうな」

みちの葬儀で涙ながらに語っていた言葉とくらべると、佐重喜には少なからず突き放した態度という印象を覚える。

父と母の秘密

その事実を小沢が知ったのがいつのことだったのか定かではないが、佐重喜とみちの間には子供たちに明かしていない秘密があった。

実は二人の間に生まれた実子は一郎だけである。姉二人は養女だったのだ。

小沢家を昔からよく知る古老は、私にこう語った。

「長女のスミ子、次女の則子はさぁ、佐重喜先生が外でつくった子だぁ。みちさんはしっかりしていて、すぐにスミ子と則子を引き取って育てだんです。みちさんは三人の子供だちを分け隔てなく育てたんだ」

みちはその古老に、いくぶんかの自嘲をこめた口調で、こう漏らしたことがある。

「うちの人は一日も外泊しないで、二人ともつくってきた」

佐重喜がみちと結婚してから、八年後にスミ子が、十六年後に則子が生まれている。

家族旅行や湯島に遊びに行ったことなど、父との思い出はたくさんあるはずなのに、小沢は「ほとんどない」と言っているのはなぜなのだろうか。そう則子に聞いたとき、

「そうですか……」

彼女はそう言って俯いてしまった。

やはり、小沢と母親が違うという事実を、則子に聞かねばならないと思い、私は尋ねた。すると、彼女は一瞬、戸惑った表情を見せた。が、ためらいながらも、ポツリポツリと重い口を開いた。

「ずっと、(みちが)実の母だと思っていました……。でも結婚する時になって、わかったんです。そういえば子供の頃に、近所の人から何度か『育ったのは母乳か、ミルクなのか』と聞かれたのを思い出します。当時は子供ごころにも、変なことを聞くものだなあと感じていたんですが……」

幼少年期の小沢にとって最も身近な存在だった則子が、本当は母の産んだ子供で

はなかったことを知った時、小沢はどのような思いにとらわれたのだろうか。死ぬ前の父と交わした「やりたいことやって、したいことして」という言葉に、小沢が心の奥底に閉じ込めて表に出そうとしなかった憎しみにも似た感情が滲み出ているようにも思える。

さらに、みちは佐重喜の後妻でもあった。先妻は一関市の旧素封家、伊藤家の娘である。伊藤家では、姉のキワを鹿島の大番頭と言われた渡辺喜三郎に嫁がせ、妹のモヨが佐重喜と結婚していた。渡辺は副社長として鹿島建設をトップゼネコンの座に押し上げた功労者として知られる。まさに鹿島と小沢家の最初の接点がここにあった。モヨとの間に子供はなく、彼女は若くして他界してしまった。さらに、鹿島家三代目の精一の娘・卯女は九段精華高女で、みちと同窓生でもあった。

佐重喜の元秘書は、かつて私にこう語っていた。

「伊藤家というのは、一関では相当有名な資産家だった。あれは佐重喜が伊藤家の娘と一緒になる前だっだが、伊藤家で大酒を飲んでしまって、舅に『こんな酒飲みに娘をやれるが』と怒鳴られ、外にほっぽり投げられだことがあったそうだ。佐重喜の選挙に渡辺喜三郎が来た時は、『鹿島の副社長が直々に来られたのは、やっぱり佐重喜の縁戚だがらが』と思ったもんだぁ」

「お父さん一代で終わりにしよう」

前に述べたように、小沢は父の後を継ぐつもりはなかった、そして、みちもまた、息子を政治家にしようという気はなかった。

たとえば、お手伝いの早川サクに、みちはこう言っている。

「佐重喜先生が亡くなり、私と一郎さんとお母さんの三人になったとき、お母さんが『うちはお父さん一代で終わりにしよう』と言っていたんです。私は、地盤もあるんだし、一郎さんに後を継がせだらと言ったんですけどね」

また、湯島の家の近くの寿司屋の主人もこう話していた。

「佐重喜さんが亡くなった時、一郎さん本人もおふくろさんも、また選挙をやるつもりはなかったですね。地元で、やいのやいの言われて出馬しなきゃならなくなった。おふくろさんは、親父さんが亡くなった後、『外国に一郎と二人で遊びに行くんだ』なんて言っていたんです。その当時、家にいて結婚していなかった子供は一郎さんだけでしたから」

みちは小沢と親子水入らずの生活を何より楽しみにしていたというのである。

だが、当のみち自身が迷いに迷うことになる。選挙区の支援者たちから、「佐重喜の票がよそに流れてもいいのが」とさかんにせっつかれたからである。

みちは、一郎を連れて佐重喜の選挙参謀を務めていた人物のもとを訪ねた。

当時、青年代議士として鳴らしていた山口敏夫の秘書をしていた鈴木精七だ。彼は水沢の隣町の出身で、自民党調査室にも長くいたことがある。

「どうしたらいいでしょうか」

みちは鈴木に相談をもちかけた。

「一郎が出るということでしょう」

即答した鈴木に、やはりと思いつつも、みちは正直な気持ちを打ち明けた。

「決めかねているんです……」

二人のやりとりを聞いていた小沢は、神妙な面持ちを崩さなかったが、ただの一言も発することはなかった。

二人が相談に来たときのことを鈴木はこう述懐する。

「佐重喜という人は、そりゃあ苦労した人ですよ。でも、苦労人というのは二種類あって、自分で苦労した分、子供には苦労させたくないという人と、自分と同じ苦労をさせなければという人がいるでしょう。佐重喜さんは後者だった。自分は二等列車に乗っても、みちさんや子供たちはいつも三等列車にしか乗せなかったくらいです。佐重喜さんが突然亡くなって、みちさんの頭の中は混乱していたようですね。幼少の頃から末っ子の一郎を溺愛して甘やかしていましたからね」

先にも触れたように、みちは古くからの支援者である黄川田源吉にも相談している。後援会の間では、一時期ではあったが、みちを後継候補として立てるという案も浮上していた。佐重喜が亡くなった当時、みちは六十八歳。いくら選挙には慣れているといっても、小沢にしてみれば古稀近くの母を候補者として担ぎ出すわけにはいかなかったのだろう。

「母が晩年、私にぽつんと話してくれたんです。『一郎がね、（湯島の）天神様の坂を一人でのぼっていたら、お母さん、坂道はつらいだろう、疲れるだろう。僕が押してあげるよと言って、背中を一生懸命押してくれただんだよ』って……」

姉の則子が教えてくれた話である。母思いの一人息子を、継がせるつもりのなかった政治の世界に入れてしまった。そのことがみちにとって最後まで負い目になっていた。

それでも決断しきれない小沢は夕方になると鈴木のもとに通うようになっていた。二人で新宿駅の西口に向かい、思い出横丁の安酒をはしごした。そのたびに鈴木は出馬の決心はついたのか、母親はなんと言っているのか、と尋ねたが、小沢はボソボソとした口調で、言い倦《あぐ》ねるばかりだったという。

同じ選挙区には椎名悦三郎がいる。時の佐藤栄作首相のもとで外務大臣と通産大臣を歴任してきた大物だ。もし出馬するのであれば、生半可な覚悟では勝てない相手である。

業を煮やした鈴木は、小沢を連れて自民党幹事長だった田中角栄に会いに行った。この出会いが小沢にとって第二の誕生と言っても過言ではないほど、人生の大きな分岐点となった。

角栄との運命的な出会い

田中角栄は小沢が初めて目白の自宅を訪ねてきたとき、こう言ったという。

「親の七光りをあてにするな。カネは使えばなくなる。戸別訪問三万軒、辻説法五万回。それをやれ。やり抜いて初めて当選の可能性が生まれる。やり抜いたら改めて来い」

これは角栄が公認を求めてくる候補予定者たちに必ず言う台詞《せりふ》である。世襲の候補であれば、冒頭の一言を加えるだけだ。

ただ、小沢とはこんなやり取りもあった。

「君は何年生まれだ」

「昭和十七年です」

「ああ、俺の倅《せがれ》と同い年だ」

小沢が帰った後、角栄は呟くように同席していた秘書の早坂茂三に言った。

「あの子を見ていたら、正法の顔がダブった」

正法というのは、肺炎のために五歳で亡くなった長男の名前だった。正法は風邪をこじらせ、角栄の腕の中に抱かれて静かに息を引き取ったという。六六年に出版された角栄の『私の履歴書』の中には、その幼い正法を抱くはな夫人の写真が大きく掲載されている。角栄、痛恨の極みが伝わってくる一枚である。

早坂は、小沢が初めて目白を訪ねた時のことをこう語っていた。

「そのあとで、オヤジさんは『どうもねえ、他人とは思えないんだ』とも言っていた。うちのボスは、ピカピカの経歴で、答えが反射的にピシッと出てくるような出来のいいのは、あまり信じなかったんだね。その点、イッちゃんはボソボソッとしか話さないで、あとはムッツリしているんだが、やることはちゃあんとやってくる。それでいて、自分が何をやったかなんて自慢気にしていない。そこが他のやつらと違って、オヤジさんは気に入ったんじゃないかな」

六九年十月二十九日付の地元紙、『胆江日日新聞』の見出しにこうある。

「田中幹事長全力を約す『小沢氏の公認で』支持者が大挙上京要請」

小沢の自民党公認は、佐重喜の息子とはいえ、まだ二十七歳と若く知名度がほとんどなかったことから、自民党岩手県連内部の調整で揉めて、公認が容易には決まらなかった。そこで、佐重喜の後援会員らはバス四台で東京・目白に行き、角栄への直談判に及んだのだった。

記事にはこうある。

「一行はきのう午前、田中幹事長の私邸を訪問、衆院選でも小沢氏の公認を要請したが、田中幹事長は『公認問題と当選後の政治活動については全力を尽くして応援する。任せてほしい』と激励、関係者を喜ばせた」

後援会員らは目白邸の中庭に通された。小沢も一緒だった。角栄の大物秘書・榎本敏夫が後援会が必死に訴えるのを聞いてくれた。後援会元幹部が振り返る。

「角さんは下駄履きで庭に出できで、『ヨッシャ、俺が預かる』と言ってくれだんだぁ。見だこともない、きれいな芝生の庭の池で鯉が泳いでいだのを忘れられねぇ」

そのときの第一印象を秘書だった榎本敏夫に聞いたことがある。

「一郎君の第一印象は、あえて言えば純真だった。私は佐重喜先生のことも知っているが、非常に苦労人。派手っ気はないが、国会が混乱しそうになると、『小沢佐重喜はいるか』と名前が挙がるくらい頼りにされていたんです。それだけ腹を括《くく》っている人でした。

息子の一郎君がオヤジのところに来たときは選挙まで時間がなかったんです。彼は中学三年生から地元を離れて東京育ちだから、選挙で佐重喜先生の後援会を動かすには、オヤジのバックアップが欲しいということでした。偶然にも亡くした息子と同じ年齢で、『ヨッシャ、一郎は俺が応援してやる』と決めたんです」

公認については問題なく進んだが、幹事長として面倒を見なければならない候補者はごまんといる。それでも角栄は、初出馬から小沢には特別な目をかけていた。

「おい、一郎の選挙区へ行ってやれ」

早坂にそう命じたのだった。

第六章　永田町の父と母

角栄の秘書・早坂茂三が水沢に向かったのは選挙の二ヵ月ほど前のことだった。

水沢で早坂はみちと一緒に旧岩手二区を行脚した。「二十七歳の若造が役に立つのか」という反発が地元では根強かったからだ。各地区の後援会はもちろんのこと、森林組合・漁業組合など、今まで佐重喜を支援してきた組織という組織をしらみつぶしにまわり、ときに早坂は土下座をしてまで頼み込んだ。

「わが主・田中角栄、小沢一郎君を確かにお引き受けいたしました。必ず一人前に育て上げて、皆さんのお手元にお返しいたします」

佐藤栄作総理は、ニクソン大統領との首脳会談で三年後の沖縄返還を決めた成果をもとに、一九六九年十二月二日、衆議院を解散した。いわゆる「沖縄解散」である。総選挙の投開票日は十二月二十七日と、年の瀬も押し迫った時期に決まった。

この冬、水沢は例年にも増して大雪に見舞われた。小沢にとって中学生で東京に転校していってから、十数年ぶりの故郷である。見渡す限りの雪景色も久しぶりのことだった。

小沢父子二代にわたり仕えた元秘書は、思った以上の苦戦だったと振り返る。

「一郎がいちばん大変だっだのは二十七歳で初出馬した時だったのす。慶応大学の学生の頃、休暇で水沢さ帰って来たことはあるが、色が白く学生気分の抜けねえ坊ちゃん気分でなあ。選挙では角さんの後ろ盾を得てはいるが、(当選は)危ねえんじゃないかと……」

雪をかぶった一郎

大学生時代に佐重喜の選挙を多少手伝ったことはあるが、みちから「みなさんの邪魔になるから、先に帰っていなさい」と言われたほどで、まったく選挙向きの性格ではなかった。

早坂茂三

それでも、今回は自分自身の選挙であるだけに、小沢も必死だった。

水沢から大船渡や陸前高田など三陸沿岸の選挙区に車で向かう時のことだ。途中、北上山系の峠となる種山高原を抜けなくてはならないが、折からの雪が急に激しくなって吹雪になった。フロントガラスに激しく吹きつける雪で前がまったく見えなくなり、車が立ち往生してしまった。すると、小沢は車からすぐさま飛び出し、雪で体が真っ白になるのもかまわずに、前に立って、「オーライ、オーライ」と大声をあげて車を誘導しだしたのだという。

「あの雪をかぶっだ一郎の姿は今でも忘れられねえ。あの時はまだ、自分で歯を食いしばってでも何とかせねばならねえという気持ちがあったなぁ」

元秘書はなんとも淋しげな笑いを浮かべていた。

選挙事務所は水沢駅にほど近い理髪店の二階に置かれた。わずか十畳ほどの部屋だった。小沢の同級生たちを中心にして「青年行動隊」なるものも組織された。彼らは佐重喜の後援会とは一線を画した選挙運動を展開した。皆で揃いのブレザーを着て町を歩き、さかんに若さをアピールしたりもした。J・F・ケネディのようなイメージを打ち出そうとしたのだという。選挙戦に入ると水沢の自宅裏の車庫にこもって、電話で支援を求める作戦に専念した。が、「一郎が当選できるが、まったく雲をつかむようだったな」と同級生の一人は述懐する。

佐重喜時代とは違う雰囲気を思い切って打ち出した小沢の初選挙ではあったが、それだけで勝利が舞い込むわけではない。本人以上に母のみちが不安にかられていた様子だったと後援会の元幹部は言う。

「夕飯時に農家さ一郎を連れて歩くど酒を出されでな。一郎が『いや、いや』と一応遠慮して断るど、『おらの酒が飲めねえのが』と言われるんだ。一郎も酒が嫌いじゃないがら、飲み過ぎでは、田圃の畦道に吐いでは水を飲みながら、まだ家々をまわったもんだ。

夜遅くに酔いつぶれた一郎さ連れて帰ると、みちさんは『酒で一郎が殺されるのではねえか』とオロオロしていだもんだ。みちさんは最初、一郎を選挙に出したくながっだからな。でも、後援会から『(父親の) 佐重喜の票がなくなってもいいのが』と言われたんでな。

三陸沿岸の漁村では気性の荒い漁師から一郎が『親父どおめえはちがう』とから

まれだこともあっだぁ」

小沢後援会の別の幹部は、夜の選挙事務所でみちが申し訳なさそうに身を屈めて、小沢に寄り添っている姿を見ていた。戻ってきた運動員たちは皆同じように握り飯を手づかみでほおばっていたのだが、みちは小沢にだけウナギの蒲焼きを食べさせていたのだという。子供時代はもちろんのこと、佐重喜が生きていた頃に、みちは決して人前で一郎を特別扱いにしたことがなかった。それだけに記憶に残る場面だったのだという。

母同伴の初登院

まったく票の読めないまま、投開票日を迎えたが、結果は七万票以上を取ってトップで当選。宿敵の椎名悦三郎に二万票近くの差をつけた勝利だった。父の弔い選挙で同情を誘ったこともあるが、小沢自らが選挙区を走りまわり、若さで訴えて父よりも多い票を獲得したのである。みちは「よぐ、がんばっだね」と息子に声をかけ、涙で顔をくしゃくしゃにした。

国会に初登院した日、あることが原因で小沢は注目を浴びている。母のみちを伴って国会議事堂に現れたのだ。最年少議員だったとはいえ、さすがに前代未聞の出来事とマスコミに騒がれてしまった。これは小沢が晴れ舞台を母に見せたかったのか、あるいは、みちが心配のあまり息子についてきてしまったのか。

だがこれ以降、永田町にみちが姿を現すことはなかった。小沢は政界で第二の父と母を得て、政治家として育っていくことになるからだ。

田中角栄の側近秘書だった榎本敏夫は、角栄と小沢は「親子のような関係」と評していた。

「まるで父親と息子ですよ。一郎君はいつもオヤジの背中を見ていたんです。オヤジはいつでもとにかく一郎君に『勉強しろ』と言っていました」

その勉強とは具体的にはどういうものなのか。榎本によると角栄は口癖のように、一回生の一郎に諭していたという。

「(初当選同期の)梶山静六も奥田敬和も県議あがりの〝半プロ〟だ。一郎には何かあるか。何もないじゃないか。俺は役人から勉強したんだ。国会が午前九時半からであれば、役人は九時からきている。朝早く行って役人に聞いて歩け。役人は国会議員が行けば、どこでもドアを開けるんだ。役人からどんどん学べ」

役所に通うのはもちろん、小沢は角栄のもとにも通いつめた。その当時のことを佐藤昭子は書き残している（『新潮45』別冊二〇一〇年四月号）。小沢は十四歳年上の昭子のことを「ママ」と呼び、昭子は小沢のことを「イッちゃん」と呼んでいた。

「初当選以来、イッちゃんは夕方5時ごろになると『おばんです』と言って、毎日のように田中事務所に顔を出した。『こんばんは』でもなければ、『こんにちは』でもない。水沢の田舎弁そのままで『おばんです』。

おやじも自分の死んだ息子（長男・正法）と同い年なので、その生まれかわりぐらいに思っていたのかもしれない。イッちゃんと見ると、

『お、来てるのか。中へ入って一杯飲もうや』

するとイッちゃんは、

『おやじさん、おやじさん』

とチョコチョコ付いて行って、一緒に話をしていた。

今、イッちゃんと民主党は官僚廃止とか政治主導とかやっているが、『おやじさん、大臣や総理大臣の秘書官は、勉強させるために1年生代議士を使うべきだ』

などと当時から田中にはっきりと主張していた」

当時、角栄は自民党を取り仕切る幹事長であり、想像を超える多忙さである。日に一度は国会近くの平河町にある砂防会館の事務所に立ち寄るとはいえ、それを見計らって待ち受けている来客が絶えなかった。そんな中でも、小沢が来れば二人の時間を優先ししばらく話していたというのだ。

重なった母の姿

小沢や梶山静六、羽田孜ら昭和四十四年初当選組は、角栄にとってひときわ目をかけた新人だった。佐藤栄作政権で角栄が幹事長として仕切った選挙で当選させたからである。小沢らは「田中の初年兵」を自任していたという。

その中でも特に小沢は目をかけられていた。幼少年時代は岩手で育ち、慶応大学から日大大学院で司法試験を目指してきた小沢は、他の議員と比べれば社会経験というものが全くないに等しかった。浮き沈みの激しい世間の荒波を裸一貫でのし上がってきた角栄にすれば、対極のような存在だっただろう。

なぜ角栄はそんな小沢を可愛がったのだろうか、と角栄の元秘書に問うと、次のような言葉が返ってきた。

「オヤジにとって亡くなった長男の正法と小沢が重なって見えたというのはあったと思う。しかし、本当のところは、何よりも一郎の親を見て、何とかしてやろうと思わずにはいられなかったんです。親父の佐重喜さんが安保騒動の中で背広をズタズタに引き裂かれながらも、懸命に国会で審議を進めていた姿をオヤジは見ていました。母親のみちさんは高齢にもかかわらず、水沢で苦労して育てた一郎のことを案じている。そうした姿を見て、新潟の実家に残している母親のフメさんに思いを馳せていたんですよ」

角栄の原風景には、雪国で寝る間も惜しんで愚直なまでに働いていた母のモンペ姿があった。『私の履歴書』に角栄はこう書いている。

「私の母は朝、真っ暗なうちから起きて、たんぼにはいって働いている。牛や馬の世話もある。毎日、仕事の連続だ。そんな努力の集積を、東京の人たちは何食わぬ顔をして持っていく。母親に対する愛情からか、私は無性に悲しくなった。（略）私が夜、目をさまして手洗いに行くと、母はいつも何か仕事をしていた。『おかあさんは、いったいいつ寝るのだろうな』と不思議に思った。

　また絶対にぐちを言わない人だった。子供にも仕事を手伝えとは決して言わず、こちらが自分から手伝うまでは、一人でことこと働いていた」

　馬喰《ばくろう》の父のもとに生まれ、角栄は豪雪地帯の新潟・西山町の農家で育った。五十四歳で総理になった一九七二（昭和四十七）年、母のフメが語った言葉は広く知られている。

「総理大臣がなんぼ偉かろうが、あれは出かせぎでござんしてね。アニ（角栄）もそう思うとります……」

私が訪ねた西山町のある町議はこんな情景を覚えていた。

角栄が総理になる直前のことだ。村では法事が行われていた。フメは朝早くから法事のある農家に来て、薄暗い板張りの台所にちょこんと座り、ジャガイモの皮を剝《む》いていた。

「フメさん、仏様のいる座敷で休んでくださいな」

町議がそう声をかけると、フメは頭を下げながらこう言ったという。

「どんぞ、ここに、居させてくださいな。こんな、バアちゃんで悪いけど、倅が世話になった仏様だあ。おらのできることはイモの皮剝きくらいだから」

豪雪地帯の貧しい山峡の村に育ち、辛酸を嘗《な》めても這いあがるようにして総理の座までのぼりつめた角栄と、馬車引きをして苦学の末に政界に入った父親を持ちながらも、水沢で物心ついた時にはすでに「大臣の子」だった小沢とでは、生い立ちがあまりにもかけ離れている。

だが、二人に通底しているのは、母への強烈なまでの思慕の情だ。

榎本もかつてこう言っていた。

「オヤジにとって母親は〝太陽〟だった。オヤジが子供のころ、フメさんは夜寝る姿を見せたことがないというぐらい並大抵でない苦労をしているから。そんな母に早く親孝行をしたい、母に楽をさせたい、という意味で、オヤジも一郎君も政治家を志した根っこは同じかもしれない」

ただ、前出の元秘書に言わせると、それだけではないという。

「オヤジは自分が雪国の出だということもあって、雪深い東北出身の人間には格別な親しみを持っていたんです。それに小沢は東北人らしく朴訥《ぼくとつ》な上に、目上の人には直立不動で、『はいっ、先生……』と敬う可愛いところがあった。それに、オヤジの生涯の友である小佐野賢治さんの国際興業がその頃、岩手で経営不振のバス会社や花巻温泉の経営に乗り出そうとしていたことも、小沢に目をかける一因だったのはたしかだろう」

選挙、派閥、国会対策

角栄は学校でしか世間を知らない小沢を一から鍛えた。元秘書の早坂によると、当時の田中派で新人議員が一人前になるためには、まず覚えるべき仕事が三つあったという。

一に選挙、二に派閥、三に国会対策である。

小沢はそれらを忠実にこなしていった。

まず選挙で受からなければ何も始まらない。角栄は軍団（田中派）にこう説いていた。

「（政治家は）地元だ。選挙区のどこの神社は階段が何段あるかまで、一本一草を知らねばならない。自分の選挙区、生まれたところのことは、たなごころを指すように覚えることだ」

もはや伝説のように語り継がれている台詞だが、角栄は実際そのように若手を指導していた。小沢より一期上にあたる小渕恵三が若手の頃に角栄から叱咤される場面を、群馬県中之条町に住む小渕後援会の古参幹部から聞いたことがある。

かつて小渕の選挙区である旧群馬三区は、福田赳夫《たけお》、中曽根康弘という二人の大物に挟まれて、小渕は劣勢を余儀なくされていた。小渕自身が「ビルの谷間のラーメン屋」と自嘲していたほどだ。選挙応援に来た角栄は、小渕と高崎駅の駅長室で会った。小渕に紙袋に入った軍資金を手渡すためだ。そして、小渕が厳しい情勢であることを俯きながら報告しだすと、額の汗を拭いながら角栄はこうまくしたてたのである。

「お前は何を言っているのかっ。どれだけお前は自分の郷里を歩いているんだ。どこに神社があって、そばに流れる川から、どこの田圃が水を引いていてコメが穫れるのか、水捌《は》けは大丈夫か、土は痩せていないか、どこまでお前は知っているのか。どこぞの家は桑畑が山の日陰になって養蚕がままならないとか、どこぞの道は雨が降ると土砂が崩れて子供らが通学するのに容易じゃないとか、どこぞの倅は東京に出て行ったため、腰の曲がった婆さんが一人で住んでいるとか、お前はそういう目で地元を歩いたことがあるのか。そんなことも、ろくにやらず泣き言を言うな。何が『ビルの谷間のラーメン屋』だっ」

小渕はただうなだれて、目に涙を溜めてその言葉を聞いていたという。

派閥での仕事とは、最初は人間関係を作るということだ。

「まずは身内のことを知れ。身内のことも知らないで一人前の口をきくな。そして身内のために汗をかけ。手柄は先輩や仲間に譲れ。そうすれば、めんこがられて好かれるぞ」

これが角栄の教えだった。

また、昭和四十四年初当選組の新人議員たちによって「きさらぎ会」という勉強会ができた。ここでは政策を学ぶとともに、選挙対策や各種陳情への対応法なども教えられたという。小沢が初当選して三年後には田中政権が誕生したが、「きさらぎ会」は総裁選で角栄擁立を後押しする母体ともなった。

「心はね、体制の外にある」

田中のもとに集まる若手議員たちが「少年探偵団」と呼ばれていた頃のことだ。小沢は早坂と飲んでいる時、ぽつりと漏らした。

「早さん、ぼくの親父の気持ちはね、いつも体制の外にありました。親父は財界からカネを貰うなんてことはありませんでした。その気持ちはぼくも親父と同じです。心はね、体制の外にあるんだ」

佐重喜は選挙のときカネがないことで有名だった。支援者たちが選挙事務所にコメや野菜を持ち込む、まさに手弁当の戦いだった。それは、妻のみちが作った支援者どうしのつながりでもあった。

小沢が政策の分野で業績を残したことといえば、小選挙区制と政党助成金の導入だ。意外に思われるかもしれないが、この二つは佐重喜の背中を見て、小沢が初出馬のときから説き続けてきたことだ。佐重喜は選挙制度特別委員会の委員長として、何度となく小選挙区制の導入を訴えている。そして、政治にはカネがかかるものだから、献金は廃止して税金で政治資金を手当てするべきだというのも、小沢は一回生当時から言い続けている。税金を原資にした政党助成金は九五年に導入された。それを主導した小沢は著書『日本改造計画』で、「政治資金の出入りを一円に至るまで全面的に公開し、流れを完全に透明にすることである。それによって、政治家が不正を働く余地も、国民が不信を抱く余地もなくなる」と主張していた。

しかし、その言葉とは裏腹に、小沢は「陸山会」の政治資金で多くの不動産を購入していた。そのために国民から疑惑の目で見られたのである。いずれにせよ、小沢が政策的な遺産を父から受け継いでいるのは間違いない。

だが、当時政策を提言できるようになるには、まだまだ雑巾がけを続ける時間が必要だった。ひと目につく派手な舞台こそなかったが、小沢は与えられた仕事をこなしていった。

人間はカネだけでは動かない

一九七五年の科学技術政務次官を皮切りに、七六年に建設政務次官に就任。政務次官の仕事のうち、最も重要なものが国会対策である。政府が国会に提出した法案を成立させるために、与党はもちろん野党にも根回しするのである。この点を教わるには、竹下登、金丸信という二人の先輩がいた。夜は、その先輩たちが大好きな麻雀にも付き合った。

八〇年には木曜クラブ（田中派）の事務局長となり、先輩、同僚、後輩議員たちの人柄や得意分野から、それこそカネ回りに至るまで、いやでも知ることになる。

さらに八二年には、候補者の公認選定など選挙を仕切る自民党総務局長に就任している。当時、小沢はまだ四十歳だった。このポストで八三年四月の統一地方選挙、同年六月の参議院選挙、そして同年十二月の衆議院総選挙を仕切ったのだ。三大選挙を総務局長としてすべて経験できたことは、小沢にとってことのほか得がたいものだったはずだ。総務局長には各選挙区に関する情報がすべて集まるからだ。また、この時の参院選は比例代

1983年、田中派研修会で万歳をする小沢（左）と田中角栄

表制を初めて導入している。名簿順位をどのように決めるかで難航したが、小沢は後援会員、党員、党友の獲得数というデータを元にする方針を打ち出した。党幹部からの反発はあったものの、基本的にはこのデータをもとに順位を編成した。

こうしたポストを与えることで、角栄は小沢に何を教えようとしていたのか。前出の角栄の元秘書が語る。

「オヤジは肩書を付けてやることで、一郎にチャンスを与えていたんです。もちろん自分の手駒として使える男だと睨んでいたからに他ならない。木曜クラブ事務局長になるというのは、派閥のカネが入っている口座の通帳と印鑑が、小沢一郎名義になるということなんです。総務局長にしたのは、一郎を全国の選挙区事情に精通させるためもあったのでしょうが、一番大きかったのは選挙に関するカネを握る立場を任せたということです。これらのポストは、政治家たちの生殺与奪の権を握っているのです。

しかし、問題はそこから先です。カネを握ることは権力を掌握することですが、それと同時に、人間はカネだけでは動かないということをオヤジは教えたかったはずです。それこそが主眼でした。今にして思えば、そのチャンスを一郎が自分の努力で活かすことができたのかどうかは、かなり疑問ですが」

小沢の初入閣は八五年、第二次中曽根内閣のときの自治大臣・国家公安委員会委員長だ。小沢本人に言わせれば「年が若かったからポストをもらえたのは一番最後だった」となるのだが、当選六回、四十三歳の大臣なのだから、決して遅くはないだろう。

「淋しき越山会の女王」

その一方で、小沢が「育てのオヤジ」と公言する角栄は、七四年に総理を辞任して陽のあたる表舞台から姿を消していく。

『文藝春秋』七四年十一月号に二本のレポートが掲載されたことがきっかけだった。立花隆の「田中角栄研究——その金脈と人脈」と、児玉隆也の「淋しき越山会の女王〈もう一つの田中角栄論〉」である。

主に立花の記事をもとに、国会で追及を受けて田中内閣は総辞職するのだが、角栄自身としては、それよりもむしろ児玉のレポートによって、佐藤昭子という公私にわたるパートナーの存在が表沙汰になったことのほうが痛かった。

十数年にわたって担当記者をしていた元時事通信政治部記者・増山榮太郎は、『文藝春秋』が出た直後に角栄と会うと、挨拶もなしにいきなり、「おい、まいった。文春だ」と言われたのだという。

「当時、娘の眞紀子さんが嫌っていたのが、神楽坂に住む愛人の辻和子さんと、秘書の昭さんでした。角さんが『眞紀子に責められる』と言っていたので、やはり児玉レポートのほうがショックだったんだなと確信しました」

当時、角栄には本妻・はなとの間に一人娘の眞紀子がいたが、ほかにも二人の女性に子供を産ませていた。元芸者の辻和子とは二男一女（長女は夭折《ようせつ》）をなし、京と祐という男の子二人を認知していた。そして私設秘書の佐藤昭子との間には、娘のあつ子がいた。

七四年十一月二十六日、角栄は「政局の混迷を招いた」として辞意を表明する。国会では金脈追及の集中砲火を浴び、金庫番である昭子も参考人招致を求められていた。こうして、当初は六割以上の支持率を誇った田中政権は二年余りで倒れた。

「角さんは佐藤昭という女性を国会に出すことを潔《いさぎよ》しとしなかった。それが田中角栄という男の矜持だ」

角栄の元側近が私に語った言葉だ。

実は角栄が七二年に総理になる数年前、古参の実力秘書の麓邦明《ふもとくにあき》はある進言をしていた。

「総理になる前に、佐藤昭を外したほうがいい」

「私もそう思います」

早坂も同意した。世間はともかく、永田町で角栄と昭子は公然の仲だったからだ。

「二、三日考えさせてくれ」

と答えた角栄だったが、昭子の首を斬るという選択はそもそもありえなかった。

「君らの考えはよくわかるが、俺と昭は切っても切れない仲なんだ」

麓はこれを機に角栄のもとを去るが、彼らの危惧は児玉レポートとなって的中する。

角栄と昭子はどこまでも一体だった。しかし、児玉レポートが分岐点になったがごとく、二人の運命は暗転していく。辞任表明から一年八ヵ月後の七六年七月、角栄はロッキード事件が発覚して外国為替及び外国貿易管理法違反容疑で逮捕され、昭子も東京地検から事情聴取を受けた。

東京地裁は八三年十月、角栄に懲役四年、追徴金五億円の実刑判決を下した。公判のある毎週水曜日、小沢は早坂とともに東京地裁を訪れて傍聴を欠かさなかった。かつて田中派に所属した議員で、一度も欠かさず公判に通っていたのは小沢一人だ。それは息子としての務めだったのか、それとも思わぬところで躓《つまず》いた権力者の行く末を反面教師として刻みこむためだったのか。

闇将軍の凋落

とはいえ、角栄の絶頂期は七二年の総理に就いた時ではない。ロッキード事件で逮捕されて自民党籍を失いながら、百名以上の軍団を率いる闇将軍として君臨していた間だ。七八年の大平正芳から、鈴木善幸、中曽根康弘まで、キングメーカーとして政権を裏から支配する権力の二重構造を作った。まさに数は力だった。自民党最大派閥・田中派の意向なくして、政権を担うことが事実上不可能だったのである。

この時期に小沢は、先に述べたように木曜クラブ事務局長から自民党総務局長、さらには議院運営委員長など、政治家としての実務経験を積んできた。この経験があったからこそ、小沢が永田町では一目置かれたのである。と同時に、それは小沢の不幸でもあった。闇将軍の角栄が握る権力は決して選挙で選ばれた実力者としての正当なものではないにもかかわらず、いかにも正当であるかのような派閥の環境の中で、小沢は頭角を現し、その角栄の背中越しに権力を操る術《すべ》を覚えたからだ。それを忘れてはならない。

だが一方で、「駕籠《かご》に乗る人、担ぐ人、そのまたワラジを作る人」と角栄が言って、田中派から総裁候補を出さないことに、若手を中心にして不満が鬱積《うっせき》していった。裏から政権を支配しているといっても、やはり閣僚ポストを占める割合は少なかった。

ついに八五年二月七日、金丸と竹下らによって派中派・創政会が結成された。すると、これをきっかけに、角栄の政治生命が事実上絶たれてしまう。創政会結成から二十日後、脳梗塞で倒れて東京逓信病院に入院し、言葉を失ってしまったのである。

ただの勉強会と思っていた創政会が、実質的には派閥乗っ取りのクーデターであることを知ると、角栄は朝からオールドパーを呷《あお》るようになっていた。かつて吉田茂から大磯で振る舞われて以来、愛飲するようになった酒だが、いくら濃い水割りにしても、角栄は満足しないようだった。幹事長として初当選させた小沢一郎、梶山静六、羽田孜らが参加していたことも焦燥を倍加させた。

イッちゃんにだけは帰ってほしかった

当時、新潟日報の角栄番記者（現社長）をしていた小田敏三は、昭子からこんな話を聞かされた。

「ウィスキーのボトルを毎日一本空けていました。それが二十日間続いて、脳梗塞です」

毎日ボトル一本とは少しおおげさではないかと驚く小田に対して、昭子は「いえ、毎日です」と、きっぱり言い放った。なぜそんな異常なほど酒を飲んでいるのか、と聞き返すと、昭子は「書かないでよ」と言いつつ、打ち明けた。

「小沢一郎が創政会に参加したからよ。息子に裏切られた感じよ。イッちゃんを呼びつければいいのに、田中にはそれができないのよ。意外でしょ？」

角栄は昭子にだけは本心を隠さずに語っていた。

創政会発会式後の竹下登（左）

「竹下の叛旗《はんき》はどうでもいい。そんなものは潰せばいい。一郎だ。一郎は目白に来ないのか」
創政会が結成されたことよりも、角栄は小沢が自身の懐から飛び出したことが、何より胸をかきむしられる思いだったというのだ。
昭子はため息を吐き出して、言った。
「田中は、イッちゃんにだけは帰ってほしかったのよ」

その角栄の思いが、なんとか小沢の耳に入るように人を介して伝えられもした。が、二度と小沢が〝政界の父〟と共に歩むことはなかった。

角栄が倒れてから三ヵ月後、昭子は日記（『決定版　私の田中角栄日記』二〇〇一年）に、離れていった議員たちへの恨み言を綴っている。八五年六月二十一日のことだ。

「皆、銘々の思惑ばかり。何がオヤジだ、恩人だ。笑わせる」

「今まで何回も人の情けの薄さに耐えてきた。今更驚くことはない」

だが、昭子はその後も小沢とは何度か会っている。突然、家を出てしまった息子に対して母がとりなすかのように。それでも息子が家に戻ることはなかった。

ただ、角栄が脳梗塞で倒れたことによって創政会は解散した。その後、経世会が結成されて、後継者は竹下であることが決まった。経世会を立ち上げるにあたって、昭子と小沢は約束をとり交わしていた。田中派発祥の地である砂防会館から出て行かないこと、田中政治を継承すること、そして角栄が復帰したときのために席を用意しておくことの三つだった。

「マスコミは竹下派と書くだろうけど、俺たちの気持ちは変わらない。約束するよ」

そう言った小沢だったが、その後の姿を見ると、昭子の本当の思いをどれだけ受け止めていたのか、疑問が残る。

私は小沢が自民党幹事長に就任した八九年末、「政経調査会」を主宰していた昭子と会っている。竹下がリクルート未公開株、宇野宗佑《そうすけ》が愛人問題と、次々にスキャンダルで政権が倒れた後、海部俊樹内閣ができた頃だ。小沢が「海部は本当に馬鹿だな。宇野の方がよっぽどましだ」とオフレコで語っていたとされる、最高実力者の地位を固めつつあった頃だ。

かつては黒っぽいスーツ姿で決めていた昭子だったが、その日は赤地の花柄のワンピース姿で、しきりに煙草をくゆらしながらこう語った。

「イッちゃんはこの三、四年でタッタッタッと階段を登ってきた男なのよ。で、四十七歳でしょう。目上に遠慮があるから、何のかんのとしゃべったりしないわけ。流行のパフォーマンスもできるタイプじゃないしね。言われるように『策士』なのか、能力があるのか、人間性に富んでいるのか、いまが正念場に立っているように思うわ。

ただ古い型の政治家だから、地道な活動を一生懸命やっている人には評価されにくいわね。いまは彼自身、『人の嫌がるところばかりを引き受けさせられる。鈴をつけにいく憎まれ役だ』と言っているけど、まだ若いから。田中から怒られながら勉強してきた実績があるんだから、そう簡単にイッちゃんを断定しちゃいけない」

明らかに昭子の物言いは小沢への思い入れが滲んでいた。自らが三十余年をともに歩んだ田中政治の継承者としての姿を夢見ていたのかもしれない。前掲の『新潮45』別冊で、昭子は次のように述べている。

「田中角栄と小沢一郎——。２人はよく似ている、と世間では言われている。２人を身近に知る私でさえ、小沢一郎は田中角栄と同じレールの上を、その後から追いかけているのではないかとしばしば思うことがある。

落選はしたが、田中が初めて立候補したのは27歳の時。小沢も27歳で立候補し初当選している。

田中も小沢も47歳で政権政党の幹事長になり、剛腕を揮って選挙で大勝利した。やがて党を動かす『陰の最高実力者』と呼ばれることも同じなら、政界を揺るがす事件で検察のターゲットになり、全面対決するところまでそっくり。

政治家として歩んだ軌跡ばかりではない。その所作、動作まで似ているところがある。ある時、車から降りてくる小沢を見て驚いたことがある。背広のボタンをはめながら歩いている姿は、どう見ても田中そっくりなのだ。

佐藤昭子

マスコミは、小沢一郎の悪いところは全部、田中から引き継いだ、というような書き方をする。だけど、私に言わせれば、それは違う。田中イコール小沢ではない。

私はよく小沢に話していた。

『何もかも田中角栄を踏襲するということじゃないのよ。田中も人間である以上、良いところも悪いところもある。それらを全部清濁あわせ呑んで自分の政治を作っていきなさい』」

昭子が小沢との関係を保ち続ける意味あいは、政経調査会という団体を維持していくための政治的な打算もあっただろう。それは否めない。ただ、「イッちゃん」と口にするときに垣間見える親愛の情は、それも意識させないほど自然だったように思う。

苦労人は他人を信用しない

対して小沢は、創政会を旗揚げした八五年頃のことを、『小沢一郎　政権奪取論』でこう振り返っている。

「そりゃあ大変ですよ。おやじは怒っちゃったんだから。それはもう死に物狂いになっちゃった。我々はクーデターだと言われた。政治的な死刑判決のように受け止めていたんですね。田中のおやじは、確かに苦労人かもしれない。苦労人というのは最終的には他人を信用しなかったと思う。他人を信用していたらのし上がることなんかできっこない。田中のおやじには、限りなく魅力があるけど、最終的には人を信用しなかった。うちの死んだおやじも同じです。苦労し過ぎているからそうなってしまうんですね」

苦労人は他人を信用しない――。

この小沢の言葉に私はある淋しさを禁じ得ない。二人の父親にかける言葉としてはあまりに哀しい。

角栄と佐重喜は共に貧しい農村の出身だった。まさにのし上がるためにあらゆる努力をした。誰であろうと人の心を摑《つか》むことに腐心した。その人生すら独学だった。市井《しせい》の人々、弱い人の生活を知ることこそ政治の原動力だと身をもってわかっていたからだ。

角栄と昭子は最後まで小沢のことを信じていたはずだ。市井には辛酸を嘗めるような苦労をした人は限りなくいる。その人々は人を信じないか、そうではないだろう。それに比して、岩手と永田町しか知らない小沢には言葉にできるほどの苦労がどれほどあったのか、はなはだ疑問だ。人を信じることができないのは、小沢のほうではないだろうか。

ふと、ここで思う。昭子のいう角栄と似ていたのは佐重喜であって、小沢ではないだろう、と。むしろ小沢が似ているのは角栄の娘のほうではないのだろうか。小沢と眞紀子では息子と娘の違いこそあるが、父に対する暗く屈折した憎しみに似た感情で、共通しているところがあるのかもしれない。眞紀子は昭子という女性の存在を忌み嫌い、角栄も一人娘だけにそれに抗えない葛藤を抱いていた。

例えば、角栄が内閣総辞職を表明した七四年十一月二十六日のことを昭子は日記にこう書きのこしている。

「田中が辞任を決意した理由は様々だったと思う。健康問題、金脈問題の追及……さらに恐らくその最大の理由は愛娘《まなむすめ》・真紀子さんの強力な意思ではなかったか。田中は、ただひたすら心身ともに疲れ切っていた」（『決定版　私の田中角栄日記』）

父親にとって、娘ほど手強い身内はいない。

角栄の金脈問題で国会に参考人招致という形で昭子が表舞台に出てくることに、眞紀子が猛反対し、それと引き換えに角栄が総理を辞任した形跡すらうかがえるのではないだろうか。

角栄が八五年二月に脳梗塞で倒れた時のことだ。引き金になったのは、竹下登を総理にするために金丸信が中心となって創政会が結成されたことだったが、しばらくして眞紀子は昭子と秘書の朝賀昭を解雇し、事務所の明け渡しを言い渡す。

八五年六月六日、昭子の日記にはこうある。

「私たちには全く寝耳に水。田中の政治活動の拠点だった（著者註：平河町の）イトーピア事務所が閉鎖されれば、田中の復帰は不可能だと自ら宣言したも同然。何というバカなことをしたのか。腹の中が煮えくり返る。けれど、田中が一番悪い。創政会（著者註：田中派の派中派）を甘やかしたのも、娘をわがままにしたのも、すべて田中だ。田中を恨む」

「眞紀子さんは田中の背中を見ていない」

眞紀子を甘やかした角栄を恨むとまで激昂した昭子はその後、眞紀子にどのような感情を抱き、どう受け止めてきたのだろうか。それを知りたくて、私が昭子の住む東京・青山のマンションに手紙を届けたのは、眞紀子が秘書給与詐取疑惑の矢面に立たされていた〇二年八月のことだった。角栄の死（九三年十二月）から九年近くの歳月が流れていた。

日を置かず、昭子から私に電話が入った。

「私はね、三十三年間、ずっと独身を通してきたの。三十三年もの間よ。あなたも言うように、私のほかには田中角栄のことを知っている人間はいないわ」

どこか越後訛りが残る早口で、彼女は一気にしゃべり続けた。

「私は、いつも田中のオヤジさんのために、どうやったらオヤジさんのためになるのかということを考えて生きてきた。あなた、このことがどういうことか、わかるの。私の一生ともいうぐらいの半生を捧げてきたのよ。
田中のオヤジさんはね、人の前で相手を面罵したことは一度もなかったのよ。相手がどのような職業であれ、分け隔てなく接していた。こうやって、あなたと話をしているのも、オヤジさんから私が、『先方がちゃんとした形で話したいと言ってきたんだから、どんな事情であれ、自分のほうから連絡を取ってあげなさい』と言われていたからなの。それこそ、オヤジさんから何度も聞かされた。私はこの間、マスコミに出てこなかった。新聞社から一言だけ、と言われた時も断ってきたのよ。だから、本当は断るつもりだったの」

田中眞紀子

かつて、「越山会の女王」とその名を轟《とどろ》かせた昭子は、角栄のことをおおやけには「田中」と呼んできた。それが長い歳月を経た後に「オヤジさん」と言って応じた取材だった。

ひとしきり角栄のことを話してから、眞紀子について語りはじめた。

「私は田中の秘書を何十年もやった。眞紀子さんをアメリカのハイスクールに留学させる時だって、その準備のために一緒にデパート巡りをして、洋服を見つくろったりもしたわ。でも、私は田中の事務所に詰めていたし、眞紀子さんとはそんなに接点があるわけじゃなかった。ただ、眞紀子さんはね、知っていると思うけど、若い頃、劇団『雲』に所属していたことがあるのよ。だから演説やパフォーマンスはうまい。すぐに涙を浮かべることだってできる。選挙区の新潟に行って、サッとジーンズに着替えて〝田中角栄の娘が、目白の母ちゃんが来ましたよ〟と一席ぶつぐらいのことは、ちゃんとできる子なのよ」

そう言いつつ、これだけは言葉にした。

「彼女は政治を知らないんですよ。梶山静六や小沢のイッちゃんたちは、常々『オヤジの棺桶を担ぐのは俺たちだ』と言っていた。ところが、オヤジさんが亡くなった時、眞紀子さんは彼らに死に顔を見せてやらなかった。見せたのは総理の細川（護熙）、衆院議長の土井（たか子）、自民党総裁の河野（洋平）だけですよ。こんなバカな話がありますか。その人たちは反田中だったんじゃないですか」

反田中だったどころの話ではない。父親の死に顔を誰に見せるのかを決めるにあたって、眞紀子は肩書でしか選べなかったのだ。いや、むしろそうするべきと考えて選んだのかもしれない。そこに、小沢に対して覚えたような淋しさを感じてしまう。

「眞紀子さんは田中の背中を見ていないんです。田中政治というものが、どういうものだったのかを本当は知らない。なぜ、オヤジさんが竹下のことで大酒を飲んだのか。たしかに創政会結成は、オヤジさんが倒れていくきっかけとしては大きい。でも眞紀子さんは全くタッチしていなかったことですよ。政治的な怨念というものがどういうものかを知らないんです」

前に触れたように、昭子は角栄の総理辞任の背後に眞紀子の強い意思があったのではないか、と日記に綴っていた。それを角栄はどう口にしていたのか、と私が水を向けると、彼女はただこう語るだけだった。

「言わないままのほうがいい。そのままにしておきたい……。オヤジさんは、『女は子宮でものを考えるところがあるから、政治家には向かない』と言っていた。ただ、私は眞紀子さんを糾弾したくないのよ……」

さらに、眞紀子はあなたを憎んでいたのか、と質問すると、

「言わないほうがいい……」

と同じような言葉を繰り返すばかりだった。

角栄に一生を捧げたと言う昭子は、角栄の分身とも言うべき存在だった。しかし、「言わないほうがいい」と譲らない彼女から、角栄の娘をなしたことへの負い目にも似た感情を抱えこんでしまった哀しさすらうかがえる。あるいはそれは、彼女の精一杯の優しさだったのかもしれない。眞紀子に対して、そして、わが子への。

最後に、「今も、児玉隆也と文藝春秋を憎んでいるか」と問うと、彼女は「ふふふ……」と苦笑し、こう呟いた。

「もう二十八年も経っているからね。恩讐の彼方に、恩讐を乗り越えてという言葉もあるからさ……」

その昭子が享年八十一でひっそりとこの世を去ったのは一〇年三月のことだった。

「イッちゃんは常に田中角栄とダブって見られ、語られてきた。ならば田中角栄以上の政治家になって国民の幸せのために働いてほしいと、私は心から願っている」

『新潮45』別冊でそう遺《のこ》していた昭子は、肺がんで長いこと闘病生活を送っていた。〇九年十一月には私に手紙をくれた。そこには万年筆の流麗な文字が綴られていた。

「私も寄る年波で、腰椎圧迫骨折でここ一年間は激痛と疼痛の日々で苦しんでいます。家から一歩も出ずベッドに縛りつけられる有様です」

今から思えば、すでにがんの病巣が彼女を蝕《むしば》んでいたのだろう。生きていたら、彼女が育った頃の柏崎界隈の思い出を聞きたかった。

昭子が息を引き取った直後、病室に呼ばれた政治家は小沢ただ一人だった。娘、あつ子の意向だったという。

数珠《じゅず》を手に、しばらく亡骸《なきがら》をじっと見つめていた小沢は、涙をためながら声をかけた。

「ママ、お別れだね。長いことお世話になりました」

女王と言われながらも、陽の光を浴びることができない印画紙のような昭子の最期だった。

天涯孤独の身

かつて日記に「今まで何回も人の情けの薄さに耐えてきた。今更驚くことはない」と書いた昭子の半生とはいったい、どういうものだったのだろうか。

昭子は一九二八（昭和三）年八月、新潟県柏崎市で文房具から化粧品まで日用雑貨を扱うよろずやの末っ子として生まれた。戸籍名は昭。七九年に昭子と改名しているが、これは児玉レポートによって「佐藤昭」という名前が有名になりすぎたことへの反抗心からだったという。

生まれてからわずか五年後に父を亡くした。その後、次兄・姉・長兄が次々と病で亡くなり、昭子と母のミサ二人だけが残された。その母も、昭子が新潟県立柏崎高等女学校に在学中の四四年に病で亡くなり、昭子は十五歳にして天涯孤独の身になっている。

角栄と昭子が出会ったのは戦後間もない四六年のことだ。角栄はその年、戦後初の総選挙に出馬し、昭子のよろずやにも挨拶回りで訪れていた。角栄二十七歳、昭子は十七歳の時だった。

この年の九月、昭子は最初の結婚をする。相手は角栄の選挙で応援弁士を務めた、同人誌を主宰する文学青年だった。翌年、夫婦は角栄を頼って上京し、夫は角栄が東京・飯田橋で営む「田中土建工業」の電気工事を請け負う会社を設立する。この頃、昭子は長男を出産したが、名付け親は角栄だったという。

昭子の夫の会社が傾いていくのは、朝鮮戦争が勃発した一九五〇年頃だ。昭子は、母の遺した柏崎の生家を処分してまで事業資金を工面するが、夫は別の女を作って家に帰らなくなっていた。昭子は離婚を決意する。

その苦境を知って、「俺の秘書にならないか」と角栄が昭子に声をかけたのが、五二年。ちょうど昭子の母の命日だった。昭子は幼い息子を夫のもとに残して家を出る。この日から三十三年間に及ぶ角栄と昭子の二人三脚が始まったのである。

昭子に秘書になれと言ったその日、角栄は秘めていた思いを打ち明けている。

「きょうは二月二十三日か。また君のお母さんの祥月命日だなあ。ほんとに不思議な因縁だ。俺と君が初めて会ったのもお母さんの命日だったし、こうして会えたのは、死んでも死に切れないで君のことを心配していたお母さんが俺に君を託したんだよ」

それからというもの、角栄は二月二十三日が来ると必ず昭子と二人きりで食事をした。

昭子は五四年に、二度目の結婚をする。夫は一流企業のサラリーマンだった。結婚式で身寄りのない昭子の親代わりを務めたのも、当時自由党副幹事長になっていた角栄である。そして、角栄は三十九歳にして郵政大臣に就任し、六一年に自民党政調会長、六二年に大蔵大臣、六五年には四十七歳にして自民党幹事長と、異例の早さで総理の座に近づいていく。

一方の昭子は、平河町の砂防会館にあった田中事務所を任せられる。その間、六二年には二度目の離婚をし、一人娘を抱えて秘書としての激務をこなす日々だった。

昭子の秘密

その昭子には決して触れられたくない胸に秘めた過去があった。児玉レポートで昭子が最も衝撃を受け、激昂したのは金庫番と書かれたことではない。『新潮45』（一九九四年十月号）に寄稿した「私の『田中角栄』日記」で、「件《くだん》の記事が出た時、私ははらわたの煮えくり返る思いがした」とした上で、昭子はこう書いている。

「はっきり言おう。暴かれた過去とは、私が新橋でアルバイトをしていたことだ。（略）私にとってはそのこと自体が人生の恥だった。誰にも知らせてはいなかったし、誰にも知られたくないことだった」

昭子が角栄の秘書となる前の一時期のことだ。児玉レポートは、「彼女は、大井町の、窓を開けると銭湯の煙突の煙が流れこむ安アパートに、六畳一間を借りた。彼女は、ホステスになった」という描写から始めて、銀座の場末にある新橋のキャバレーの喧騒に身を置き、源氏名を「亜希」、もしくは「美奈子」という名刺を持って働いていたことなどを詳細に書いた。昭子、二十五歳の頃だった。

昭子の「今まで何回も人の情けの薄さに耐えてきた」という言葉は、不遇ながら一人で必死に生きていたその時期にも起因している。

もう一つは、娘のあつ子の存在だった。

実は角栄との間にできた娘が生まれた五七年当時は、まだ二番目の夫と結婚していた頃だった。しかしその過去は、いつまでも隠し通せるものではなかった。

そのときの心境を昭子は、後に『決定版　私の田中角栄日記』でこう明かしている。

「子供がほしいと思うようになったころ、夫との生活は完全に破綻していた。もはや何のつながりもなかったと言っていい。それでも天涯孤独の身だった私は、どうしても血のつながった肉親がほしかった。

娘の誕生――それは至福の瞬間だった。人生でもっとも大切なものが授けられたような気がした。

将来ある政治家に認知を求めるつもりはなかった。向こうから言ってきてもお断わりしただろう。

戸籍はどうあれ、娘は小さい時から田中を『お父ちゃま』と言ったり、『オヤジ』と呼んで育ってきた。田中も娘をかわいがった。外遊しても私にはハガキひとつ出さない田中が、娘には必ず手紙を書いた」

角栄が昭子と娘のあつ子に寄せる思いは実に細やかなものだった。おそらく大蔵大臣だった六二、三年頃に書かれたと思われる昭子宛ての手紙は、二人へのひたむきな愛情に溢れている。この手紙は『文藝春秋』二〇一一年十一月号に、「田中角栄の恋文」と題して掲載された。

文脈から推測すると、昭子と娘のあつ子が新しい生活を営むための家探しをめぐって角栄と昭子が口争いをした後、角栄がなだめるように書いたもののようだ。

「僕はお前の才気や美ぼうに惚れたのではない。

もう十七年も前の第一印象からであり二月二十三日の朝のことを考えても『どん

な状態にあっても』という前提で出向いた気持は今も変っていないのです。

これが縁であり前世からのものかも知れんとさえ思っておるのである。（略）

代議士をやめてもよいとほんとうに考えている。現実的には止められないでせう。

そんなにでたらめな男でもないから暮夜密かに考え反問することもある」

代議士をやめてもかまわないと一人の女性によせる並々ならぬ心情を角栄は綴ってやまない。

「十年の歴史はどんなに『けんか』してもお互ひの心の奥そこ丈は信じ合える丈のものがあると思うからである。

敦子に対しては眞紀子より可愛くないのだというがふびんな子程かわいいものです。

只お前のように『くそ可愛がり』ではない。人世の苦労も教えながら一人立が出来るようにこそ育てたい」

角栄が、昭子への手紙で綴っているのは、唯ひとつ。昭子からどう思われようとも自分はかまわないが、彼女への親愛の情は出会った時から変わっていないし、互いに信じ合えると思っているということだ。闇将軍と恐れられた角栄が持っていたもうひとつの顔というしかない。

しかし、どちらも人間・田中角栄そのものに他ならない。権力の階段を駆け上がってきた角栄には、その一方で人を惹きつけてやまない人情の機微があった。その人と人との紐帯《ちゅうたい》が角栄という人間をつくった。

二田尋常高等小学校を卒業して上京した彼は、勤めながら当時神田にあった中央工学校の夜間部に通った。電話の応対では、「あのネ、ネ」とネを連発する越後弁がなかなか直らずにまわりから笑われた。工事現場で働いた後に通った夜学で眠気を覚ますため、製図用の鉛筆の芯を指の腹に押し当て土木技術を学んだ。芯が突き刺さった親指はいつまでも黒ずんでいたという。政治家になってからも、枕元にはいつも四、五本の赤鉛筆と六法全書などが置かれ、どの鉛筆も朝までに芯が丸くなっていた。すべてが独学だった。

角栄は政治家として頂点を極めてからも、運転手・料亭の仲居・下足番に至るまで心づけを欠かさなかった。いくら権力とカネがあったからといって、できることではない。

角栄はまわりにつねに言い聞かせていた。

「料亭なんかに行って、不愉快なことがあっても、下足番のおじさんや、仲居さんに絶対あたっちゃいかん。彼らは仕事として我々に接しているのだから、何も言えない。弱い立場の人は大事にしなくちゃいかん」

角栄は、貧しく、稗《ひえ》や粟が毎日の食卓にのぼるような村で育った。

角栄の情の深さを身近に体験した政治家の一人に自民党現幹事長の石破《いしば》茂がいる。二〇一〇年末に私と会った石破が披露した話だ。

八三年九月、石破の結婚式があった。ロッキード事件で角栄に一審判決が下るひと月前のことだ。仲人をしてほしいと頼む石破に、角栄はこう言ったのだという。

「お前には親父がいないじゃないか。俺はお前のおふくろさんの横に、ずっといてやりたいんだ」

石破の父・二朗は二年前に亡くなっていた。鳥取県知事を経て鈴木善幸内閣で自治相などを歴任した二朗は、角栄の盟友だった。ロッキード事件当時、大学生だった石破は、二朗に噛み付いた。

「いくら田中先生でも、これは間違っているんじゃないか」

すると二朗は、「お前は田中角栄に会ったことがあるのか。お前は会わないで人を批判するのか。田中は五億円なんてもらっていないんだ」と断言したという。

「えっ？」と石破が面食らっていると、

「いいか、田中はもらっていないと言っているんだから、もらっていないんだ。人を信じるとは、そういうことだ」

と息子に諭したのだ。石破は「角さんへの心酔以外の何ものでもなかった」と述懐した。

そんな二朗の葬儀は県民葬として執り行われ、葬儀委員長は時の知事が担った。角栄は友人代表として、涙ながらに弔辞を述べた。

「石破さん、すまない。お前と約束しながら、鳥取県民葬で俺が葬儀委員長をやるわけにいかなかった。許してくれ」

その後、東京で葬儀をもう一度行い、今度は角栄自らが葬儀委員長となり、「お前との約束をこうして果たしているぞ」と号泣したという。

石破は田中派事務所で雑巾がけをこなし、八六年に初当選。九三年には小沢らと自民党を飛び出し新進党まで行動を共にするが、結局、小沢と袂を分かち自民党に戻った。

実の父、佐重喜にも、政界の父である角栄にも妻以外の女性に産ませた子がいた。私はそれをことさら指弾する気にはなれない。時代の風潮というものを無視して、現在の視点からあれこれと言い立てることが果たして妥当なのか、疑問に思えるということもあるが、やはり二人は父親としての愛情をどの子にも精一杯に伝えていたと思えるからだ。

角栄から娘への手紙

角栄と昭子の娘、佐藤あつ子は角栄が総理についた当時のことを、立花隆との対談(『文藝春秋』二〇一一年三月号)でこう振り返っている。彼女が十五歳頃のことだ。

「その頃母から『お父さんは、しばらくうちには来なくなるから、あなたが事務所に行ってあげてちょうだいね』と言われるんです。それで、母が田中事務所の秘書として仕事をしていた平河町の砂防会館に、しばしば行っていました。そこにはオヤジがいて、会った瞬間、羽交い絞めというか、ヘッドロックみたいな形で抱きしめられるわけです。オヤジも忙しいから、私が『今日、学校でね、こんなことがあったの』なんて話すような時間はなくて。（略）オヤジは、何人かの子どものうちの一人であったにせよ、私に対してまっすぐな、あふれんばかりの愛情を、分かりやすい形で注いでくれていました」

しかし、既に述べてきたように彼女が多感な十七歳から十九歳の頃は、それまで陰の存在であり続けた昭子が平場で矢面に立たされるようになり、角栄は総理を辞任。そしてロッキード事件で公判闘争を繰り広げていく時期でもあった。

あつ子は、昭子のもとを離れて一人暮らしを始めるようになる。高校生になる頃から情緒不安定になることもあった彼女はひとりリストカットを繰り返していたという。

そして八一年、二十四歳だったあつ子は、神戸のホテルから飛び降りて自殺未遂を図った。

そのとき、彼女に手を差し伸べたのは角栄だった。搬送先の病院に父から手紙が届く。あつ子は著書『昭　田中角栄と生きた女』の中で、「オヤジからは手紙が来た。いつもの崩した独特な文字に変わりはないが、心なしか文字に角がなく、優しい字に見えた」と記す。手紙にはこうあった。

「大変心配している。その後おとなしく入院生活をしておるし快方に向っている報告をきいてよろこんでいます。大阪での一人暮しはさみしいことと思ひ見舞に行ってやり度い。

早く東京にかへって来て『リハビリ』を完全にやることです。

敦子の体質も精神構造も全く●●（不明）なのであつ子が心配している事情や状態もよく解る。

人世は永いものだし、仲々思うようにも行かぬものだがその中で自分をみい出し人間は成長して行くものです。
窓から眺める大阪の空ももう暫らくの辛棒です。
元気になって一日も早く戻ってくれることを希《ねが》っている。

父より」

あつ子どのへ　5／14

手紙を読んだ後のことをあつ子は、こう記している。

「私はオヤジに大きな負担をかけていたのである。（略）私はこの飛び降り事件を最後に、消えてなくなろうとするのをやめた。どんなにみっともなくて、失敗の連続でしかなくとも、生きていこうと思った」

一方、第四章「父親の証」で触れたように直美が身ごもったとき、小沢はどうしたか。側近の山田を通じて執拗に堕胎を迫ったことや、二歳半という母親の顔も判別できるときに産みの母親から引き離された健太郎君を思うとき、やはり小沢は、角栄が辿った生涯とは遥か遠い地平に行き着いてしまった男としか思えない。

二十三歳になった健太郎君が今どこで、どのような境遇にあるか、ここで詳《つまび》らかにするわけにはいかない。ではあるけれども、これだけは小沢に問うておきたい。

角栄が娘に書いたような手紙を、言葉を、「小沢一郎の子」であることを隠して生きる運命を背負わざるを得なかった息子に、あなたは一度として届けたことがあるのですか、と。和子と三人の男の子に、代議士をやめてもいいから通すべき心情が人間にはある、と一度として思ったことがあるのですか、とも。

第七章

淋しき小沢の王国

当選三回（一九七六年十二月）を過ぎた頃から、選挙のときでも小沢が地元の水沢に帰らなくなるようになったことは、前にも触れた通りだ。順調に当選を重ねるようになり、徐々に選挙戦での安定感も出てきていた。しかし、それは母のみちが選挙区を文字通り三百六十五日まわり続けてきた父・佐重喜の地盤を引き継いだからにほかならない。

当時はまだ後援会の中核は佐重喜時代の幹部が占めており、彼らは小沢が二回生で科学技術政務次官になってからは「小沢先生」と呼ぶようになったものの、仲間うちでは「ボンボン」と揶揄《やゆ》した口調で言うこともあった。「先生」と呼ばせるようにしたのは、みちのこだわりだったのだが、小沢は三十代半ば。やはり水沢では「佐重喜の息子」でしかなかったのである。

「自分の力で大ぎくなっだような態度して」

「まだガキのくせに生意気な」

小沢がめっきり地元に戻らない日々が続くと、後援会の一部ではそんな声もあがるようになっていた。さすがに本人に意見したほうがいいと考えた後援会幹部が、

「一郎、水沢さ帰ってきて、皆に顔見せねば駄目だべ」

と諫《いさ》めたところ、小沢は一言も返さずに、不機嫌な顔をしてプイッと横を向いてしまったのだという。

そんな小沢の態度に腹をたてた後援会の古参会員たちから、不満をぶつけられたみちは身を竦《すく》めるようにして、取りなすのが精一杯だった。

「将来、偉くなって総理・総裁さなるためには、選挙で全国の応援に出なくてはならねぇということらしい。なんとが堪えて、一郎を当選させてもらえねぇが」

小沢に面と向かって意見した後援会幹部は言う。

「本来なら、一郎さ『地元さ帰って来い』と言うべきなのは、俺らではなく、みちさんだぁ。ところが、みちさんは一郎さ何にも言わねえんだよな、溺愛していたがらな」

幼いころからあまり一緒にいてやれなかったことに加えて、佐重喜の地盤を守るために後を継がせてしまったという負い目が、みちの心の奥底にはあったのだろう。

古参幹部のうちの何人かは後援会から離れていった。

小沢の側から見れば、なりたくてなったわけではない国会議員になり、当選も重ねてきている。しかし、後援会幹部たちはいつまでも「佐重喜の息子」としてしか見ようとしない。永田町では田中角栄のもとで下働きをこなし、派閥内での評価も得つつある。それなのに——。

そうした思いから、なかなか地元に帰る気になれなかったということなのか。

『小沢一郎・全人像』によると、水沢で中学二年の時に担任だった鈴木吉男は、小沢が東京に転校する前、「将来、政治家にするのなら、高校は地元の方がいい」とみちに助言している。それに対してみちは「政治家にする気はない」と答えたという。

しかし、結局みちはその当時の思いをまっとうできず、小沢に佐重喜の後を継がせることになるのだが、この時、鈴木の言葉通りにしていれば、その後の小沢は少しは違っていたのかもしれない。小沢を十四歳で水沢から離れさせたことが、故郷に対する意識を中途半端なものにさせてしまったように思えるからだ。小沢にとって岩手は、誰もが望郷の念を募らせる郷里と言うにはほど遠い場所だったのではないか。その意味では、小沢自身はデラシネ（根無し草）のような存在だったと言えるのかもしれない。小沢の不幸はそこにあったと思う。

陸山会と防災工業

地元に帰らなくなる少し前に、小沢は東京で新たな動きを起こしていた。和子夫人の実家・福田組の支援を受けて自分の足元を固め始めたのだ。

七六年二月に、小沢は政治資金団体の「陸山会」を立ち上げている。場所は永田町にほど近い平河町のビルの一室だった。同年九月には、そのビルに「防災工業」という福田組グループの企業も設立されている。業務内容は、河川・護岸などの公共事業に利用されるコンクリートブロックのリース業が主で、主要取引先はゼネコン。代表は設立から二代にわたり建設省出身者が占めた。

防災工業が入居する部屋の所有者は、和子である。筆頭株主も彼女であり、小沢が同社の顧問に就いていた。さらに、設立当初の取締役には、小沢の秘書が名を連ねていた。

「田中角栄の手法を真似しようとしたのか、『俺も自由になる会社が欲しい』と小沢が言って作られたのが、防災工業なんです。実質的には小沢がオーナーの会社でした。だが、小沢は和子を通じて福田組に世話になっていながら、その一方で、福田組の名前が表に出ることをことさら嫌がっていたんです」

元側近の証言である。

陸山会と防災工業の同居状態は、九一年に陸山会が永田町のマンションに事務所を移転するまで十五年にわたって続いた。

水沢市長選とゼネコン

後援会との間ですきま風が吹き始めたころに迎えたのが、八三年十二月の総選挙だった。この時かろうじて最下位当選し、和子が泣き崩れたことは前に触れた。ロッキード事件の一審で有罪判決が角栄に下された直後だったことが苦戦した最大の理由だが、後援会に広がっていた「一郎は地元を顧みない」という空気も、少なからず小沢離れに通じていた。

この総選挙の直後、佐重喜時代からの後援会幹部が水沢の小沢家に呼ばれた。

「このままでは水沢に、いられねえ。なんとしてでも今度の水沢市長選挙では、椎名派の候補をひっくり返してほしい」

みちが、こう懇願してきたのである。この選挙の時、和子が所有していた福田組の株を売却して、選挙資金を作ったことは前にも述べた。よほどの決意である。

佐重喜の代からのライバルだった椎名陣営も、息子の素夫に代替わりしていた。翌八四年一月の水沢市長選挙では、市議会議長の木村良樹が早々に立候補を表明。木村は椎名陣営が立てた候補者だ。そもそも小沢陣営では独自に候補者を立てる予定がなかったため、小沢派の市議会議員十二人のうち九人までが木村支持に回ってしまっていた。それを投票日まで残り一ヵ月余りでひっくり返してほしいというのである。

小沢陣営では建設省東北地方建設局の幹部だった坂本至正を急遽擁立《きゅうきょ》した。普通であれば落下傘候補でもあり、勝ち目はないが、大方の予想を覆して二十一票の僅差で勝ったのだ。

小沢がこの選挙で使ったのは、ゼネコンの力だった。

佐重喜時代から小沢後援会の最高幹部に名を連ねていた泉大八は九四年当時、私にこう述懐していた。

「当時、古手の後援会会員は、寄るど触るど『一郎は人間が変わっだあ』と言った。一郎は水沢市長選で失地回復をしなくちゃならねえど意気込んだんだな。その時だ、ゼネコンがドッと水沢さ入ってきだのは。それまでゼネコンなんてほとんど聞いたことがない。昔からの地元の後援会中心の選挙だったがらな。

数え切れねえぐらいのゼネコンが連日選挙事務所に詰めてだぁ。来ていないゼネコンを探した方が早がった。事務所には毎日、新聞の証券欄をひろげで、応援に来たゼネコンの名前を赤ペンでチェックする人がいたぐれえだ。

そのくらい、一郎へのゼネコンの忠勤ぶりは凄まじいんだ。もちろん、ゼネコンはたんなる無料奉仕なんがしないべ。仕事が欲しいもんだがら、選挙運動の費用も肩代わりしで一生懸命動く。それはそれでいい。

でもさ、一郎ときだら、昔がらの後援会は黙っていでも投票するのが当だり前だ、釣った魚にはエサをやる必要はねえど言わんばかりに、何の面倒も見ないんだがらなあ」

建設省OBを候補に立てたため、選挙では同省のOB会である東北建友会が会員たちを応援に送り込んできた。また、鹿島、大成建設など大手ゼネコンに至っては、家一軒をまるごと借り、社員たちを泊まりこみで選挙に駆り出したのである。県外ナンバーの車が水沢市内を走りまわり、「ゼネコンが小沢についた」という情報が地元の建設業者たちの間で飛び交った。地元の建設業者たちでつくる後援組織「一建会」ができたのも、この頃のことだ。

小沢陣営が水沢市のトップを押さえたことは、後に岩手県全域が「小沢王国」と呼ばれるように至る、第一歩と言うべき勝利だった。

後援会幹部の放逐

ところが、である。椎名陣営に走った小沢派の市議九人のうち六人が、後に後援会の幹部や市議の座から追われてしまったのだ。その中には後援会副会長まで務めた人物もいた。

選挙へのゼネコンの投入と佐重喜時代の後援会幹部の放逐。この二つは、明らかに小沢が地元の旧体制を自分中心に切り換えようとする意志の現れだった。

さらに言えば、八三年の総選挙で最下位当選になってしまったのは、佐重喜時代の後援会メンバーによる怠慢だと小沢が感じていたフシもある。後援会の高齢化も着実に進んでいた。だからこそ和子が婦人部の水和会を中心として同世代の支援をとりつけようと日々奮闘していたのである。ただ、その努力も小沢の目から見れば、物足りないと映っていたのかもしれない。

しかし、選挙における福田組の存在は大きかったと、後援会関係者は言う。

「選挙部隊の総元締めは大手ゼネコンがやるんだが、地元の建設業者対策は福田組も仕切っています。以前から福田組は地元業者だちに仕事を振っていましだがら。初めのころの選挙で、椎名陣営がら建設業者を引き剝がして小沢陣営に引き入れだのは、福田組の力が大きがったんです」

水沢市長選を境に建設業者たちは小沢陣営に流れ、その後の選挙は、地元後援会から徐々に中央のゼネコン主導型になっていく。

建設省の「小沢学校」

とはいえ、ゼネコンを選挙にフル投入することができたのは、建設業界に足を踏み入れた小沢の力があったからにほかならない。その功罪はひとまず措くとして、どのようにしてその力の源泉を得たのかを明らかにしておこう。キーワードは「小沢学校」である。

後に小沢の「天敵」となった野中広務は、こう語っている。

「私が衆院議員になったばかりの１９８０年代、建設省（現在の国土交通省）に『小沢学校』と呼ばれるものがあった。毎年暮れの予算編成の時、事務次官室の奥の技監の部屋に政治家が夕刻から地元の産物と酒を持って、次官、技監、官房審議官、局長らと一緒に酒を傾けながら、予算の報告を刻々聞くのが当時の習わしだ。小沢氏は夜遅くきて上座にドンと座る存在だった。小沢氏らに認められなかったら『小沢学校』には入れなかった。私も建設政務次官を経験して古賀（著者註：誠）選

挙対策委員長らと一緒にやっと入れた。小沢氏は当時から隠然たる力を持った存在だった」（読売新聞二〇〇九年五月十二日付）

小沢が衆議院の建設委員会の理事になったのは、当選二回の七四年。建設委員会は議員たちの中でも人気が高く、若手が入ることはなかなか難しい。そこに早くも二回生で三十二歳の小沢が入れたのは、角栄をドンとする田中派でひときわ目をかけられた存在だったことが有利に働いたのは言うまでもないだろう。当選三回目の七六年には、福田赳夫内閣で建設政務次官に就任している。建設省ＯＢによれば、この頃になると省内での申し送り事項として、次のように伝えられていたという。

「小沢一郎さんはまだ若いが、田中元総理が非常にかわいがっている秘蔵っ子だ。大事な先生なので、心して面倒を見るように」

田中派から創政会を挟んで経世会に至るまで、建設省は角栄、竹下登、金丸信にとっての金城湯池であり、省内で早くも官僚たちを手下につけていたのは小沢だったのである。建設省の中堅幹部は、次のような言い方で建設省における小沢の支配力を語っていた。

「小沢先生は、省内では『建設族』という印象はあまりないんです。法案や予算について表から口出しするようなことがありませんから。それでも幹部クラスは常に小沢先生の意向を気にかけています。つまり、省内で小沢先生は『別格』扱いなんです。省上層部と小沢先生の関係は、傍《はた》からはよく見えないけれども、陰の存在として厳然と力を持っているという印象なんです」

建設大臣を経験したことのある自民党議員は、次のように証言していた。

「私が建設大臣をしていたとき、何もできませんでした。というのも、予算にしろ、人事にしろ、すべてを経世会が押さえていましたから。当時は金丸さんが君臨していた頃でしたが、実際に建設省で動いていたのは小沢さんです。役人たちも大臣の私より、小沢さんの顔色をうかがっているような有り様でした」

小沢学校は綿々と続き、その人脈と影響力は、岩手県はもちろんのこと、全国津々浦々にまで広がっていた。前出の建設省中堅幹部は、その実態をこう説明する。

「小沢先生の地元である岩手県の土木部長は、歴代本省からの出向者で占めることが多かったんです。そのポストにいる間は常に小沢先生に気を遣うのが仕事。もしうまくやれなければ、本省から役人として失格の烙印を押されてしまいます。小沢事務所との関係をうまく築くことがその後、本省で出世の階段をのぼっていくためには必要なんです。岩手以外でも、建設省からは都道府県や市町村に大勢の出向者がいますから、小沢先生は彼らを使って、同僚議員からの陳情を処理することもできるんです」

そして、八九年には四十七歳の若さで自民党幹事長になったことで、小沢の建設省支配は絶頂期を迎えていくことになる。その頃の小沢の権勢ぶりを、元秘書の藤原良信は自慢気に語っていた。当時の彼は岩手県議で、後に参院議員に転身。「俺の後ろには小沢がいる」と、小沢の威を借りた物言いをする人物として地元では知られていた。

「小沢先生のところにいけば、大体は予算がついて、事業がスタートすることが多い。岩手県内の他の代議士とは比較にならないほどの力量です。今年からは建設事業費のついた大船渡の鷹生《たこう》ダムという多目的ダムがありますが、これなんか小沢先生のおかげですよ。建設省のダム建設は金額よりも個数の制限、ワクがあり、鷹生はその個数に入っていなかった。小沢先生は建設省、大蔵省を動かして、その個数を一つ増やした。建設に関してはプロなんですね」(『プレジデント』一九八九年十月号)

かつて「国土建設研究会」という組織があった。これは「建設省のドン」と呼ばれた金丸の肝いりで設立された、自民党建設族議員たち五十名ほどの集まりだ。小沢はその会長を務めている。名称こそ自発的な勉強会という性格を帯びた研究会だが、その実態は国が発注する公共事業をどのように配分するのか、その決定に大きな影響力を及ぼす組織だったのである。

「ゼネコンを徹底的に使え」

それでも当初、ゼネコンの応援は既存の後援会組織による選挙活動を補完する別働隊と言うべき存在だった。その関係が一気に切り替わって、露骨にもゼネコンを全面的に投入して戦ったのが、九三年七月の総選挙だ。この年、小沢は自民党を飛び出して新生党を結成していた。自民党に負けるわけにはいかず、所属議員を増やさなければならない。小沢は県北の旧岩手一区に県議だった工藤堅太郎を擁立した。

この時の選挙の状況を、元秘書の髙橋嘉信は『週刊新潮』二〇一〇年四月八日号で、こう振り返っている。

「93年の総選挙で『ゼネコンを徹底的に使え』。小沢は私にこう命じたのです。この一言が全ての始まりでした。小沢は、この時、（著者註：旧選挙区の）岩手2区で前回の総選挙より5万票も増やし、14万2451票を獲得して圧勝。後にも先にも、これほどの票を獲得したことはない。小沢は、この勝利をみて、ゼネコンこそが選挙に勝つ道具だと確信したのです」

小沢陣営は、鹿島の盛岡営業所長を総括責任者として、大手ゼネコンが軒並み顔を揃えた約六十社からなる裏選対を設置していた。各社から連日社員が駆りだされ、車や経費はゼネコンの負担である。当然、下請け業者たちも徹底的に動員された。

その結果、工藤は約七万三千票を集めて当選。小沢は一度も地元に入ることがなかったにもかかわらず、過去最高の十四万票を獲得した。

自民党は過半数をとれず、八月には非自民勢力が結集して細川護煕政権ができたのである。

名簿をランク付け

では、ゼネコンを使ってどのように大量の票を獲得するのだろうか。

九三年頃に私が訪ねた鹿島東北支店の元幹部は、こう説明していた。

「ゼネコンの幹部は選挙になると、借り上げた民家やビジネスホテルに泊まり込みます。まず選挙区をいくつかに区割りして、だいたいゼネコン三社ずつで社員を組み合わせて、担当地域を割り振る。そして設備、電気、資材など各分野の関連業者のところへ挨拶に行き、支援してくれる人の名簿を提出してもらうんです。関連業者たちからすれば、ゼネコンの社員が来るだけで、締めつけに感じますよ。協力しなければ、後々の仕事に影響することがわかりきっているのですから。活動費用はもちろんゼネコン各社の自腹。ゼネコンが動けば、岩手県内の大手の土木・建設・

運輸などの業者を押さえ込んだも同然です。その下の末端業者にまで影響が及ぼせるのですから、岩手での『永久政権』を保証されたようなものです」

小沢一郎の選挙をやらないと国や県の公共事業が取れない——。建設業者たちが、なかば悲鳴のごとく口にするようになっていった。ゼネコンを頂点とする集票組織は、下請け、孫請け業者を通じて、末端まで締めつける。いわば、クギ一本、ガラス一枚を納入するところまでカネと人と票で縛り付け、業者を、いやその家族までをも小沢に恭順する度合いで競わせるような、異様な状態になったのである。

たとえば九二年の七月には「欅《けやき》の会」という地元建設業者からなる組織が設立されている。同会の元幹部は設立された経緯をこう説明する。

「ゼネコンが下請け業者だちに呼びかけで作られた会でした。会員はすぐに集まりますよ。入らなげれば小沢陣営に背を向けることになり、仕事に影響が出ますから。言ってみれば、小沢先生への忠誠心を示すための『踏み絵』のようなもの」

私の手元にある内部資料は、小沢が自由党の党首だった九八年七月の参院選の時のものだ。これによると、ゼネコン六十社が、岩手・秋田・宮城・神奈川で合計十五万人もの有権者名簿を小沢事務所に提供していた。

　この参院選で、自由党は小沢の秘書だった樋高剛（前衆院議員）を神奈川で擁立している。岩手・秋田・宮城では候補者を立てていないが、比例での得票上積みを狙って重点地区にしていた。

　各社が提供した名簿は、鹿島が最多の約二万五千人分。佐藤工業・熊谷組・大成建設はそれぞれ一万人以上、西松建設も約七千人の名簿を提出している。

　名簿の質は小沢陣営が一つ一つ電話でチェックする。電話をかけて積極的な支持ならA、普通の対応ならB、支持者でなければCとランク付けされる。精度の低い名簿は業者に突き返され、再提出まで求められた。

　一方、名簿の提出だけではなく、各社は活動要員も提供している。「神奈川での手伝い」と記された資料は、ゼネコンがいかにフル回転したのかを驚くほど詳細に記録していた。たとえばゼネコン三十六社が選挙のために二百十二人の社員を動員しているのだが、六月十九日から投開票日の七月十二日までの二十四日間に、誰が何日間応援に入ったかが一覧表になっているのだ。

人数が目立つ順に見ていくと、佐藤工業は計二十三人を派遣し、応援に入ったのべ日数が二百二十三日。熊谷組は十九人で百二十九日、フジタは十八人で百二十六日。この「勤務表」と前述の「名簿の質」で、小沢事務所が各社の貢献度を一目でチェックできるようになっていたのである。

盛岡のゼネコン関係者はこう吐露していた。

「岩手県内の公共工事を受注していて、小沢事務所に異を唱えることなどできるはずがない。小沢どゼネコンは、絶対の主従関係だ。逆らったら干されるどころか、どんな嫌がらせを受けるかもわからん」

小沢はしばしば、「田中角栄直伝の戸別訪問三万軒、辻説法五万回を徹底し、選挙に滅法強い」などと評されるが、少なくともゼネコンを選挙で使うようになってから、一度として彼が三万軒ものドブ板選挙をやったと証言する人に私は会ったことがない。

県知事と岩手一区

細川政権が瓦解してしばらくすると、小沢は野党暮らしを長く続けることになるが、一方でその間に、岩手県を「小沢王国」とすべく制覇していく。まずは県知事と、岩手一区を手中に収めることが念願だった。そのためにゼネコンを集票マシーンとして使い続けたのである。

九五年四月の岩手県知事選挙で、前年末に新生党を解散して新進党を結成していた小沢は、建設官僚だった増田寛也《ひろや》（元総務相）を擁立した。この戦いは小沢にとって、県南に位置する自分の地盤から、県都・盛岡を含む県北も支配下に置く意味合いを持っていた。

増田寛也

小沢の母、みちが死去したのは同年の二月だった。水沢で催された後援会葬で小沢は、「地元で県民の審判を通して私の進んできた道が間違っていないことを証明したい」と涙ながらに語り、亡きみちの弔い選挙でもあることを力説している。だが、みちが長年かけて懸命に作り上げてきた後援会に背を向け、ゼネコンに頼るのが中心の選挙により地元との絆を断ち切ったのは小沢自身である。

小沢陣営の本拠地になったのは、盛岡市の旧市街地に位置する十階建て高級マンションの一階大ホールで、その四階には福田組の盛岡営業所が入居していた。ホールはかつて大型量販店が使用していただけに広かった。そこを、電話部・名簿部・遊説部・車輛部・組織部・女性部・青年部など、部ごとに仕切り、一日だけで約二百人がめまぐるしく出入りしていたという。彼らは班単位で選挙区をまわる「ローラー作戦」を展開した。

この頃、県北に位置する八幡平《はちまんたい》の建設業者はこう語っていた。

「こんな田舎にも大手ゼネコンの営業マンが足を踏み入れできた。彼らは区割りされた名簿を携えでいて、俺に『一緒に歩いて下さい』と頭を下げるんだ。俺が『なんで大会社がそこまでやるのが』と聞いたら一言、『(小沢の地元である)岩手は特別だから』と言ってはばがらねえんだからなあ。じぇじぇ！　そごまでやるのがと思った」

投入された別のゼネコンの営業マンは、ある岩手県議にこう漏らしていた。

「（小沢支援は）社命ですから」

凄まじいばかりの組織ぐるみ選挙が展開されたのである。

当然の結果として増田は当選し、小沢は自民党が長いこと独占してきた知事の座を奪いとった。この選挙で小沢は岩手全域制覇の足がかりを掴むと同時に、県が発注する公共事業への絶大な影響力を掌握したのである。

そして九六年の総選挙では外務官僚だった達増拓也を岩手一区に立てて、見事当選させる。「小沢チルドレン」であることが誇りだと公言する達増は四期連続当選（二〇一六年現在、岩手県知事）。当時、小沢は民主党代表だったが、腹心を県政のトップにつけることで、「小沢王国」の権力を陰で握ってきたのである。

元側近秘書の髙橋は、前掲の『週刊新潮』でこう述べていた。

「95年、岩手県知事選の増田、96年の総選挙で達増拓也、98年の参院選では樋高剛

（著者註：小沢元秘書、前衆議院議員）……。『負けそうだ』との声が聞こえれば、私が現地に入って指揮しました。増田や達増もゼネコンの協力がなければ、当選できなかったはず。何しろ200人以上のゼネコン関係者がやってきて、選挙支援をするんです。系列、下請け会社を含めれば、1000社以上に及ぶ関連企業が何十万人という名簿を提出し、小沢のために選挙協力した。これでは、相手候補が勝てるはずがありません。（中略）我々が名簿を基に『集計表』を作り、どの名簿が役立ったか査定する。その成績に応じて、公共工事で〝天の声〟が降りてくるのです」

総額二千億円の胆沢ダム

一方で、小沢陣営に協力した中堅ゼネコンの幹部はこう打ち明けた。

「私たちは社の指示で選挙に投入されたんです。表向きは『ボランティア』と称し、会社内では休暇扱いになっていましたけどね。選挙はマックス（最大）で二ヵ月ほどかかる。各社から年収一千万円クラスの幹部が計二百人も駆りだされていたんですよ。いったい幾らになりますか。黙って億単位のカネをゼネコン側が負担していたのと同じようなものです」

こうまでしてゼネコン各社が小沢の選挙に協力するのは、いうまでもなく岩手県内を中心とした公共事業の受注を期待してのことである。前出の鹿島元幹部は当時明言していた。

「鹿島が小沢に接近し、全面支援にまわったのは、完成すれば総額二千億円ともいわれる『胆沢《いさわ》ダム』（奥州市胆沢区）というビッグプロジェクトの幹事会社を受注したいからなんです」

胆沢ダムと小沢の関係は、どういうものだったのだろうか。

小沢が四十七歳にして自民党幹事長に就いたのは、建設省が胆沢ダムの建設事業に着手した八八年の翌年のことだ。この頃からすでに胆沢ダムの各工事は、地元で「一番手に鹿島、二番は大成、三番は西松で行く」と囁かれていた。この三社は前に触れた内部資料でも明らかなように、小沢の選挙に多大な貢献をしている。

実際に胆沢ダムの主要工事は当初予想されていた通り、〇四年から〇五年にかけて、鹿島・大成・西松が受注した。さらに、総事業費は当初一千三百六十億円だったが、途中で変更されて二千四百四十億円に膨れ上がっていた。

そもそも、この胆沢ダムの計画自体に不透明な部分がうかがえる。一九七〇年代半ばまで、地元は胆沢平野の慢性的な農業用水の不足から石淵ダムを改修して嵩上げ工事をしてほしいと建設省に対して陳情していた。それが急転直下、石淵ダムを廃止することにして、新たにその三倍規模の胆沢ダムを建設する計画に変更されたのだった。

胆沢平野土地改良区理事長で、小沢後援会幹部の一人でもあった佐々木宏はこう述べていた。

「陳情にいくと、小沢先生は若い官僚に『私の地元ですから、よろしく』と頭を下げでまわってくれだのす。胆沢ダムができるのも、小沢先生の力が大きいべさ」

胆沢ダムが地元で「小沢ダム」と呼ばれる所以《ゆえん》がここにある。

『北上夜曲』の思い出

小沢が岩手で王国を築く過程を見てきたが、首をかしげてしまうことがある。彼にとって故郷・岩手とは何だったのかと。中学二年の終わりに水沢を後にして、十数年ぶりに戻ってきた郷里に、もはや愛着などなかったのだろうか。高校の修学旅行で岩手に来た時、バスの中で突然『北上夜曲』を歌い出した小沢の姿は、もうどこにも見当たらない。母が一年中歩きまわって築き上げた支援者たちとの信頼の絆を、彼はどう思っていたのだろうか。

そのような問いに小沢がまともに答えたことはないが、ゼネコンによる選挙支援と献金について聞かれた時、返した言葉に、その内面が透けて見えるように思う。

「(著者註：ゼネコンから)選挙の応援を受けたり、資金提供を受けてなぜ悪いか。(中略)応援してもらうのは当たり前のことでしょう」(岩手日報一九九四年一月一日付)

さらに一九九六年に上梓した著書『語る』でもこう述べている。

「ほとんどの政治家が建設会社、ゼネコンから寄付、あるいはその他の色々な形で資金の提供を受けている。選挙の応援もしてもらっている。でも、それがなぜ無条件に悪なんですか。(略) 無条件に悪いというなら、極端にいえばゼネコンに勤めている人たちは国民じゃない、権利を制限されて当然だということになってしまう」

もちろん、政治とカネの問題について小沢は披瀝《ひれき》しているのだが、郷里の人々をゼネコンで締めつけて何が悪いのか、と言わんとしているかのように私には聞こえる。

小沢にとって岩手とは、郷愁を覚える対象ではなく、あくまでも選挙区という場所でしかなかったということだろう。ゼネコンを集票マシーンとして使うことで、地元建設業者たちに、小沢に忠誠を誓うか否か、で判断する物差しが岩手の人々の間に生まれた。それこそが、「小沢王国」と呼ばれたものの実態ではなかったか。

仮に、選挙で勝ち続けることが、政権交代に向けて必要なことだったとしても、その代償はあまりに大きかったと言わざるを得ない。少なくとも岩手の人々にとって小沢一郎とは、慕うというよりも、むしろおののき、畏怖する対象だった。新潟における角栄の存在とは、対極にあったと言ってもいい。

「小沢王国」の実態

元秘書の三人が起訴された「陸山会事件」の公判では、「小沢王国」の支配の実態が白日の下に晒《さら》されたように思える。

元秘書の大久保隆規《たかのり》に、小沢事務所とゼネコンの関係を検察側が質したのは、二〇一一年三月一日の第五回公判だった。大久保は〇一年頃から、東北地方の公共事業受注をめぐる小沢事務所の陳情窓口となり、ゼネコンに多額の献金を要求していたとされる。

大久保隆規

検察側は、西松建設によるダミーの政治団体を使った違法献金事件の際、ゼネコンから得た供述をもとに迫った。

清水建設は〇一年頃、年間約二千万円を小沢側に献金し、〇二年にＪＶ（共同企業体）で岩手県立福岡病院（現県立二戸病院）新築工事を五十六億八千万円で受注していた。しかし、〇四年頃に小沢側に献金額を大幅に減額したい旨を申し入れた。すると大久保は、清水建設の東北支店副社長にこう言ったという。

「なんだと。急に手のひらを返すのか」

事実関係を法廷で問われた大久保は、こう答えた。

「そんな言葉を使ったか……。何とか（献金額を）今まで通りにという気持ちだった」

また〇二年頃、小沢側に年間約五百万円の献金をしていた大成建設の東北支店副支店長に対し、同社が施工した都内のビルの一フロアを購入するための仲介を依頼した。分譲用の物件ではないからと同副支店長が断ると、大久保はこのように言ったとされる。

「もう駄目です。奥座敷には入れさせません」

大成建設には今後、工事受注の了解を与えないということだ。

その後、大久保は〇三年頃、後任となった同副支店長にこう持ちかけた。

「人も替わったわけだし、関係修復を図りたいと思う。協力していただけるのであれば、また土俵に上がっていただこうと思います。今までのことは水に流そうと思いますけど、どうですか」

これらの発言について裁判で検察から質された大久保は、次のように証言した。

「（奥座敷は）悔しまぎれもあって言った。できることもできないのかと周りから言われるのが嫌で、虚勢を張った。（関係修復は）いい関係でやっていきたかったから。選挙があれば（小沢側への）票をお願いするのが私の仕事なので……」

さらに西松建設の東北支店長から、〇五年頃に岩手県発注の遠野第二ダム建設工事について陳情を受けた際、大久保は工事名をメモしながら、「よし、わかった。西松にしてやる」と言ったとされる。それについて検察側から問われた大久保は、これを認めた。

「そのような趣旨を話した。何らかの虚勢を張っていた」

それだけではない。大久保はゼネコンからの依頼で、ゼネコンの談合の仕切り役だった鹿島の東北支店元副支店長に口利きをしていた実態も、公判で明るみに出た。

検察側は鹿島の元副支店長の供述から、公共事業の本命業者を決める際、小沢事務所の了解を得る、いわゆる「天の声」が出されていたという点を指摘した。これに対し、大久保は「すべてが事実ではない」と否定した。しかし、二〇一一年三月二日の第六回公判で裁判官が、小沢事務所はゼネコンへの影響力を持っていたのではないかと問うと、大久保は働きかけの事実を認め、こう答えた。

「虚勢を張っただけで権限はなかったが、(鹿島の副支店長に)『ゼネコンからこういう話がきているんだが、何とかお願いできないか』と頼んだ」

さらに裁判官から、実際にゼネコンは受注できたのかと問い返されると、

「(元副支店長に)うまく話を聞いてもらえたことがあった。形になったものがいくつかあり、よかったと思い、ほっとした」

と大久保は答え、小沢事務所の口利きが一定の効力を持っていたと証言したのだ。

ゼネコンの窓口になっていた大久保が、法廷で公共事業をめぐる口利きを認めたのは初めてのことだった。

検察側が指摘した点について、小沢がすべて指示を下していたわけではないとし

ても、元秘書の大久保を中心に小沢事務所が業者に対してこのような態度をとっていたのは事実である。大久保は「虚勢を張っていた」と繰り返したが、言われた側からすれば「恐怖支配」にほかならない。これこそが「小沢王国」の支配の原理だったのではないのか。

カマドの煙

そして、陸山会事件で政治資金規正法違反（虚偽記載）に問われた石川知裕衆院議員、大久保、池田光智の元秘書三人に対して、東京高裁は二〇一三年三月十三日、一審の有罪判決を支持し、控訴を棄却した。大久保と池田は上告を断念し、有罪が確定。石川はこれを不服として上告したが、五月に議員を辞職した。

一方、既に無罪が確定している小沢は、師弟で明暗が分かれた判決に、「国家権力の乱用だ」と不満を露にした。しかし、司法の判断を批判する前に、小沢は自らが築いた「王国」とは何だったのか、その手法に間違いはなかったのか、顧みるべきではないだろうか。

かつて、「政治の使命とは何か」と問われた小沢は、こう答えている。

「政治の使命、目的というのは、仁徳天皇の話に尽きます。ある日、仁徳天皇が高殿に上がって眺めると、いかにも貧しげな民家が並んでいるのが見えた。夕食時なのに、カマドから煙が立ちのぼっていない。きっと人民は食事に事欠いているのかも知れない。そう思った天皇は、それから三年の間、租税を免除した。そのために皇居は荒れ果て、天皇の衣服も色褪せたが、やがて国中の全ての家から、豊かなカマドの煙が立ちのぼるようになった。それを見て自らの治政に誤りのないことを確認したという。そこに政治の使命はある。みんなが豊かで、平穏に、幸せに暮らす。そのために政治は何をしたらいいか、どうすればいいかという問題なんです」（『語る』）

岩手の選挙区すべてを小沢が制覇したのは、悲願だった政権交代を成し遂げた〇九年の総選挙でだった。それから二年して、大震災と津波が東北を襲った。だが、小沢は郷里にカマドの煙が立ちのぼっているか、もはや確かめようとさえしなかったのである。

第八章　家族と王国の崩壊

和子が一九九〇年頃に上京して深沢で同居するようになってから、政治的にも小沢にとって激動の日々だった。経世会が分裂した九三年に自民党を飛び出して新生党を立ち上げ、細川護熙政権を樹立し、政権交代を成し遂げた。しかし、この非自民党連立政権は長続きしなかった。早くも翌年、社会党が連立離脱したために羽田孜内閣が総辞職を余儀なくされ、村山富市を総理とする自民党・社会党・新党さきがけの連立政権ができたことで、小沢は二十五年に及ぶ政治人生で初めて野党暮らしを経験することになる。

一方で和子との関係は、表向きにはさざ波さえも立っていないように見えた。その裏で健太郎君を実の母親から引き離して裕子に養子として引き取らせた出来事を除いては。

選挙のない年は、田植えが終わった頃に地元・水沢から後援者たちが小沢の自宅のある深沢詣でをするのが恒例の行事となっていた。バスを借りきって四、五十人ほどで早朝、東京に向かう。

「東京に着くと、待っていた国際興業のバスに乗り換え、まず深沢に行くんだ。和子さんが、『まあまあ、よくいらっしゃいました』と歓待してくれでな。いっつも、花巻名産のほろほろ鳥を使っだ煮物とか、お吸い物をたくさん用意してくれてる。あどは鮨や仕出し弁当を取ってくれでるんだ。帰りには、玄関に上等な革靴やネクタイが何種類も並べられで、『小沢が何度か使ったものですが、よかったら、どうぞ使ってください』と持だせでくれで。全部新品みだいだったなぁ。みんな、いい土産になるど喜んだもんだ」

国際興業はオーナーが小佐野賢治だった。

後援会の幹部は懐かしそうに振り返る。

その後、国会議事堂を見学するのが決まったコースだった。国会では「小沢一行」と言えば守衛に敬礼されて、ほぼフリーパスのような状態だったという。次に浅草観光をして、屋形船で川下りに繰り出す。

「途中から小沢が『やあ、やあ』と船に乗り込んできでなあ、隅田川を眺めながら酒を酌み交わしだもんだ。別の時には、釜石出身の女将が赤坂でやっでいる串焼き屋で差し入れの『越乃寒梅』を飲んだこともあっだなぁ。小沢は忙しいがらいっつも途中参加さ。宿は浅草の安いどころに、みんなで雑魚寝《ざこね》して帰ってきたんだあ」

相変わらず選挙の時でもほとんど地元に帰ってこない小沢だったが、訪ねてくる後援者たちには愛想よく応対していた。前に述べたように和子は隠し子の存在を知った〇二年頃から、ぱったりと水沢に行かなくなるが、それまでは足繁く通っていた。

水和会の一人は、会員たちでさくらんぼ狩りに行ったことを覚えていた。

「昔はよくやっていたんですよ。和子さんは東京からの参加ですがら、一泊して帰るもんだと思っていだら、『主人が待っているから……』と言うがら、みんなして、エーッて驚いちゃっで。和子さんが帰ってくるのを、小沢さんは東京駅近くのパチンコ屋で時間を潰して待っているんですって」

本当にパチンコをしながら待っていたのかどうかはわからないが、少なくとも後援者たちには、一時期水沢でも流れていた料亭の女将との噂は別にして、二人が仲睦まじく暮らしているように見えただろう。

病気の後に変化した夫婦関係

水沢で後援会関係者たちから聞いた話を総合すると、○一年くらいまでは小沢と和子の間で波風が立っているような気配は感じられなかった。

「○一年頃、一郎さんが久々に水沢に帰ってきて、青年会で飲み会を開いだんです。そんどきは和子さんも一緒でした。お酒を一郎さんに注ごうとしたら、和子さんがら『あまり飲ませないでね』と言われてしまって。コップに半分ぐらいしか注《つ》げながったんです。一郎さんはもっと飲みだがったんだろうけど、そう言われで困ったようにキョロキョロしてましだよ」

九一年に心筋梗塞で倒れてからというもの、小沢は和子から酒や甘いものを控えるように言われていた。微妙ではあるが、周囲から見ると夫婦関係にも変化が現れつつあった。

退院してから小沢は、健康のために毎朝散歩をするようにしていた。

ある夏の日のことだ。散歩を終えた小沢はシャワーを浴び、会合に出かける身支度をしていた。そこに和子が来て、「鳥にエサをちゃんとやってくださいね」と言った。

「時間がないのに、何言ってんだ」

急いで出かけなければならないため、小沢は秘書にエサやりを任せようと思っていたようだ。

すると、すかさず和子が返した。

「何を言っているんですかっ」

小沢をよく知る知人は驚いたという。

「あんなにピシャリと言うなんて。負けじと言い返すところがすごいなあと思った」

古くから側近の一人とされる議員は、こう解説する。

「心臓の病気をする前まで、小沢さんはずいぶんと和子さんに威張ってたんだよ。あれは自民党幹事長で、選挙制度視察かなんかでベルリンに行ったときかな。お母さんのみちさんが危篤だと電報が届いたんだ。長く入院していたから、それまでも危篤という連絡が何度かあったようなんだけど、小沢さんが和子さんに『自分は残るから、お前だけ先に帰れ』と言ったんだ。実の息子が帰らないで自分だけ帰るわけにもいかないと、彼女も困ってしまってね。一緒に帰るように説得してくれと頼まれたんだ。結局、チケットを二人分変更して持って行ったら、小沢さんも黙って帰ったけど」

竹下の義母の葬儀

夫婦間の関係は病気の後に変化していったが、その一方で小沢は、政治にまつわる舞台から和子を遠ざけるようにもなっていく。その顕著な例が、和子の妹・雅子との関係だ。

かつて野中広務は私にこう語っていた。

「和子さんはな、(竹下)亘の嫁さん(雅子)とはしょっちゅう会っているそうや。一緒にデパートで買い物したり、食事に出かけたり。姉妹だから当たり前やけど、ずいぶん仲がいいらしいのう」

先に述べたように、雅子は竹下亘に嫁いでいる。さらに竹下登の長女・一子が金丸信の長男と結婚したことで、小沢、竹下、金丸は縁戚関係となったのだ。

ところが、九三年に後継者争いで経世会が分裂し、小沢が自民党を飛び出して新生党を結成すると、三つの家の関係も崩れていく。

「小沢は、竹さんと縁戚関係なのに、竹さんの義母の葬儀のときだって来なかったんや。竹さんがそのことを忘れるはずないやろ」

野中はこうも語っていた。

竹下の義母とは、異母弟・亘の母である恕子《ひろこ》のことだ。恕子の葬儀が島根県掛合《かけや》町《ちょう》で営まれたのは経世会分裂後の九三年十一月。野中は、いくら小沢が竹下に遺恨を抱いていても、縁者を弔う席に顔を出すのは当然だと言いたかったのだ。

ただ、葬儀には和子も出席していなかった。恕子は妹・雅子の義母であるにもかかわらず、和子が姿を見せなかったことは、関係者たちにとって不可解であった。和子と雅子の仲の良さから考えても、和子の欠席は小沢の指示によるものだったのだろう。

また、金丸が九六年三月に死去した際には、当時、新進党党首だった小沢はさすがに葬儀に駆けつけているが、そこに和子の姿はなかった。

秘書寮の建設

前章で触れたように九三年の総選挙でゼネコンをフル投入してからというもの、選挙は古くからの後援会組織主導ではなくゼネコン主導となり、後援会を束ねていたみちも九五年に亡くなっている。自民党を離れた小沢が岩手をゼネコンをバックの「王国」として支配していく過程で、地元との関係は、小沢はもちろんのこと、以前と比べれば和子も希薄になっていった。

それと時期を同じくして、資金管理団体である「陸山会」が集めた政治資金を使って、小沢はマンションや土地などを購入していく。政治資金による不動産の大量購入は他に例をみないことだったが、小沢は九四年から始めている。陸山会は一時期、総額で十億円超の不動産を所有していた。

それとほぼ同時期に、和子は秘書寮を建てている。小沢の自宅から緩やかな坂道を三分ほど歩いたところに瀟洒《しょうしゃ》なバルコニーつきの建物が二棟あるが、これがその秘書寮である。土地、建物ともに和子が所有しており、九四年に入手した建築計画概要書では建築主も和子だ。

完成後、小沢の秘書たちの住まいとして使われていたのだが、東日本大震災後の二〇一一年七月から、和子は深沢の小沢邸を出て、しばらくの間この一棟で次男と一緒に暮らしていた。

ただ、九四年に土地を購入したのは、福田組の子会社であるリフレ（現フクダハウジング）だった。翌年、リフレは和子に土地を転売したのである。なぜそのような取得方法をとったのか、理由は判然としないが、その直後に二棟の秘書寮は和子が所有者として登記された。

そうした経緯があったにもかかわらず、ここに一時期暮らしていた元秘書は、リフレの関与を知らず、私にこう漏らしていた。

「秘書寮が福田組グループを経由して建てられたものだとは知らなかった。奥さんからは、『あまり外では（秘書寮のことを）言わないように。』下宿しているとでも言っておいてね』とクギを刺されて、違和感を抱いたことがあります」

「名義ではない。家内のものだ!」

陸山会事件を巡る一連の公判を傍聴していると、二〇一二年一月の公判で、検察官役の指定弁護士と小沢との間で、この秘書寮に関するやり取りがあった。

「自宅そばの秘書寮は、なぜ建てたのですか」

「たまたま家内が土地を持っていたので、そこを秘書寮にした」

「奥さん名義の秘書寮だが……」

「名義ではない。家内のものだ!」

福田組の子会社を通じて土地を購入したのだから、「たまたま家内が土地を持っていた」という小沢の発言は不自然に思える。その入手経緯を小沢がまったく知らなかったというのも、考えにくいことだ。陸山会の政治資金による不動産の購入とは関係のない資産であることを強弁したかったのだろうか。

また、指定弁護士が、「奥さん名義の」と言うと、すぐさま「名義ではない。家内のものだ!」と反論している。これは今になってみると、そのときの小沢の心境が透けて見える。前に述べたように、和子が深沢の自宅を出て、しばらく住んでいたのがこの秘書寮だったからだ。この公判が開かれた当時も住んでいたので、小沢にしてみれば、秘書寮の存在におおやけの舞台で触れられること自体が気に入らなかったのだろう。

さらに公判では、秘書寮に関連して興味深い事実も明らかにされた。

小沢の関連政治団体の二つ(小沢一郎政経研究会と誠山会)が、和子から秘書寮を賃借している代金として、九五年以降、毎月六十九万五千円(二団体合計で毎月百三十九万円)を支払っていたのである。

政治団体が和子に支払っている賃借料は、これだけではなかった。深沢の小沢邸内には近所の地主A氏が所有する土地と建物がある。それも和子が借りて、陸山会に転貸しているのである。この転貸借によって和子は差額収入を得てはいないが、九五年から〇七年までに、小沢の関連政治団体から和子に支払われた賃借料は四億一千万円余りに上る。これが全て和子の意志によるものなのかは、わからない。また、和子は九九年に小沢邸の敷地内にあるA氏の別の土地（五六七㎡）を購入している。

ここに別棟（二階建て）を建てたのが、〇二年のことだった。和子は隠し子の存在が判明した後に、この別棟へ移り住んでいる。

政治資金規正法違反（虚偽記載）に問われた石川知裕衆院議員ら元秘書三人に対して、東京地裁は一一年九月に有罪判決を下した。その公判で安田信託銀行（現みずほ信託銀行）の元女性嘱託職員が検察側証人として出廷したときの証言については、先に触れたが、そのやり取りから和子が別棟を新築するときに、どのような説明をしていたかがわかる。

〇二年三月、和子から銀行に電話が入り、預金の解約が申し込まれた。

「現金を払い戻しするから、（深沢の）自宅に来て。私と息子の名義の預金を解約し、六千万円を払い戻してもらいたい」

「何に使われるのですか」

「いままで使っていた応接間が手狭になったから、客を迎えるために迎賓館のようなものを建てたいので、その建設費用にする。建設の場所は自宅の敷地内で、（実際の）費用は六千万円よりもっとかかるの」

迎賓館のようなものを建てたい――。水沢で人並み以上に質素な暮らしを続けてきた和子の言葉として、違和感を覚えるが、これは夫と別居するために新しく別棟を建てるのだとは言えなかったからだろう。和子の手紙には〈隠し子がわかって以来、別棟を建てて別居しています〉と書いてあった。別棟の完成が〇二年の十二月。銀行に預金解約の電話をした時点で、小沢夫妻に決定的な異変が起きていたと考えられるのだ。

多額の現金であることから、女性職員は銀行振り込みを勧めたが、和子は、あくまでも現金で持ってきて欲しいと譲らなかった。

同年四月に女性職員は現金六千万円を小沢邸にまで運び、息子に手渡した。

そのときに和子はこうも言っていたという。

「三人の息子名義の口座も私が管理しているの」

高額納税者だった和子

隠し子の存在がわかってから和子は敷地内に別棟を建てて暮らすようになり、東日本大震災の後、夫の言動に救いようがないほどの絶望を抱き離婚を決意する。そして、一一年十一月に支援者へ手紙を出した。その間に別棟から秘書寮に転居して完全別居に至っているのだ。

秘書寮と別棟の二つの建物は、ともに和子が自分で購入して所有している物件である。他に別荘なども所有していたが、小沢や政治団体の手持ち物件ではないところを選んで、居を移していたことが窺える。

一方、和子はこの二つの物件を購入したときの借金をすべて返済している。登記簿を見ると、秘書寮に二億六千五百万円、別棟に三億五千万円の抵当権がついていたが、合わせて約六億円を十二年間で完済している。和子にはそれだけの収入があったのである。

高額納税者名簿で確認できた九〇年から〇四年までに、和子は毎年のように二千数百万円を納税していた。そこから推定すると六千万円から七千万円の年収があったことになる。和子は現在も福田組の株を約百六十万株持っているが、その配当収入だけで年間六百万円ほど、その他に福田組のグループ企業の監査役に就いている。〇九年時点で、土木工事業の「興和」、道路舗装業の「レックス」、建設用機械リースの「重機リース」の監査役を兼任しており、その報酬があったと見られる。さらに前述した小沢の関連政治団体から秘書寮の賃借代金が、年間一千六百六十八万円になる。

つまり、小沢と離婚するにあたって、財産分与を期待するといった動機が和子にはきわめて薄いと言えるのではないだろうか。

また、秘書寮に住み始めた頃、和子は所有していた別荘二つを手放してもいる。一つは千葉県勝浦市の東急リゾートタウン勝浦内の別荘だ。白い外壁で覆われた二階建てで、敷地面積は約百六十㎡。これを二〇一一年七月に売却している。もう一つは、長野県の蓼科高原にある別荘で、これも東急リゾートタウン蓼科の中にある。高床式の木造平屋建てで、床面積約六十七㎡。ここが売却されたのは一ヵ月後の八月だった。どちらも八〇年代初頭に購入した物件だけに、それほど高くは売れなかったと思えるが、息子たちのためにも、手持ちの現金を増やしておく必要があったのかもしれない。

「和子さんは財産を増やすということに興味があるような人では決してない。三人の息子さえしっかり育ってくれればいいとしか考えていない女性です。普段の金銭感覚も、ごく普通の主婦と同じなんですから」

水和会の関係者らは口を揃える。

和子が手紙で〈長い間お世話になった皆さんにご恩返しができないかと考えています。せめて離婚の慰謝料を受けとったら岩手に義捐金として送るつもりです〉と綴っているところにも、和子の人格の一端が現れているのではないだろうか。

長男の異変

別棟を建てた前年、つまり〇一年には、長男にも異変が起きていた。勤めていた海上自衛隊を七月で辞めてしまったのである。

長男は早稲田大学理工学部を九八年に卒業すると、広島県の江田島《えたじま》にある海上自衛隊幹部候補生学校に入学した。小沢が自由党党首だった頃だ。

この幹部候補生学校は、防衛大学校の卒業生であれば希望者は全員入学できるのだが、一般大学を卒業した者には狭き門である。長男が進学した九八年の受験倍率は十八倍という難関だった。

その少し前、小沢は側近を自宅近くのレストランに誘い、珍しく笑みを浮かべながらしゃべり始めた。

「長男が江田島に行きたいと言ってるんだけどさ、どう思う?」

「喜ばしいことじゃないですか」

側近がそう答えると、

「そうだよなあ」

そう言って、小沢は嬉しそうな顔でしきりに頷いていたという。

というのも、そもそも小沢は息子たちを自衛隊に入れたいと考えていたからである。

当時、小沢の側近議員の一人に田村秀昭（〇八年死去）がいた。田村は航空自衛隊幹部学校長（空将）を最後に自衛隊を退官し、参院議員に転身していた。防衛省関係者によると、小沢は長男が海自幹部候補生学校に入学すると、田村を自由党本部に呼び、長男の処遇について相談を持ちかけていたという。田村は防衛庁（当時）幹部に直接電話をかけて、「よろしく頼む」と要請すると同時に、小沢のことを称賛していた。

「自分の息子を自衛隊に入れた政治家はほとんどいない。その一点をもってしても、小沢はすばらしい政治家だ」

その頃、和子は田村にこんな話をしている。

「小沢はかねてから、『男の子が四人いたら、一人は政治家にして、残り三人は陸、海、空それぞれの自衛隊に入れたい』と言っていたんです。その夢はかなわなかったですけどね」

田村秀昭

男の子がたくさん欲しいと周囲に語っていた小

沢の夢とは、息子たちを自衛官にすることだったのである。和子との間には息子が三人しかいなかったため、陸・海・空のすべてを制覇することはできなかったが、長男は海上自衛隊に入るという選択をするにあたって、父・小沢からの少なからぬ影響があったのだろう。

海上自衛隊幹部候補生の教育課程は一年間。翌九九年の卒業式には、長男の晴れ姿をひと目見るために、小沢と和子が揃って江田島に赴《おもむ》いた。式が終わると、三人で昼食をとり、長男はそのまま練習艦に乗り込んで、遠洋航海に向かった。

本書の帯の写真は、その卒業式で撮影されたものだ。小雨が降る中、ビニール傘を差しながら、笑顔で桟橋にたたずむ小沢と、コンパクトカメラを手にした和子が写っている。夫妻揃ってのツーショット写真は極めて珍しく、二人が笑顔で肩を並べている姿としては、最後のカットと言えるかもしれない。

ところが、長男は三等海尉から二等海尉に昇進した直後に、人知れず海上自衛隊を辞めていた。〇一年七月のことだった。周辺に取材しても、その理由ははっきりとせず、その後海外留学したという噂も流れたが、確たることはわからない。

昔から長男をよく知る人物は、こう推測していた。

「彼は線が細くて、自衛官に向くタイプだとはとても思えなかった。感受性に富んでいて、優しい性格をしているから。父親の影響もあって自衛官になったのだろうが」

長男の辞職を知った田村はがっくりと肩を落として、周囲に漏らした。

「なんだ、そういうことだったのか。結局、自衛官には向かなかったのか……」

田村の側近によると、この件をきっかけに小沢との仲が疎遠になり、後に田村は「小沢では（政治を）変えられない」と不信感を露にするようにもなったという。

「日本国憲法改正試案」

幹部候補生学校から海上自衛隊に長男が所属していた頃の、小沢を取り巻く政治状況を振り返ると、小沢はやはり政局の中心にあったと言える。九八年十月に小沢は小渕恵三内閣で官房長官だった野中広務と連立交渉を開始する。そして九九年一月には自民党と自由党の連立政権が成立し、自由党からは幹事長の野田毅《たけし》が自治大臣として入閣した。およそ五年ぶりに小沢は政権与党の座に返り咲いたのだ。

加えて同年八月には『文藝春秋』で「日本国憲法改正試案」を発表した。ここで小沢は、占領下に制定された憲法は無効にすべきだったとし、戦争の放棄を謳《うた》った第九条の改正にも触れている。そして、日本の平和活動は国連を中心にやっていくしかないと述べ、次の条文を付け加えるべきだと主張した。

「日本国民は、平和に対する脅威、破壊及び侵略行為から、国際の平和と安全の維持、回復のため国際社会の平和活動に率先して参加し、兵力の提供をふくむあらゆる手段を通じ、世界平和のため積極的に貢献しなければならない」

さらに「国連常備軍」の創設も提唱していた。

九九年十月、連立政権に公明党が合流したことで、存在感の低下を危惧した小沢は、小渕総理に揺さぶりをかけていく。自民党と自由党を一度解体して、一大保守政党の結成を要求したのだ。もしこれを飲まなければ、連立から離脱するとたたみかけた。

その結果、二〇〇〇年四月に小沢と会談した小渕総理が直後に脳梗塞で倒れ、五月に死去したことは衝撃的だった。

こうした政局での小沢の振る舞いが、直接的に長男の辞職に影響したと言うことができるわけではない。とはいえ、少年時代の小沢自身がそうだったように、長男も常に「小沢の息子」と見られることから逃れられなかった。小学生の頃にはそれを理由にして同級生からいじめられることもあった。海上自衛隊に入ってからも、周囲は父親の素性を皆知っている。特に憲法改正試案は自衛官たちにとって、きわめてナーバスにならざるを得ない議論である。

次男と三男も長男と同じように、現在どのように暮らしているのか、いくら小沢の周辺を取材しても詳しく知る人物が見当たらない。次男は国立大学、三男が私立大学を卒業した時点までは判明しているのだが、それ以降がまったくわからないのである。

ただ一度だけ、小沢自身が息子の職業について明かしたことがある。〇八年末にラジオの生放送に出演したときのことだ。派遣切りが世間で問題になっていた当時、息子の一人も派遣社員だと語ったのだ。

「毎晩夜中までやって給料は低いが、『働かなくちゃしょうがない』と言っている」

現在、三人の息子が小沢のもとを離れて暮らしていることを踏まえても、小沢ほどの有名政治家の息子たちが何をしているのか、周囲でさえ知らないという状態は、不可解としか言いようがない。〇二年頃に和子が別居を始める以前から、すでに息子たちと小沢との間で、隔たりが生じていたのかもしれない。

息子のためにマンション購入

意外なことに、陸山会事件の公判で一度だけ息子の存在が出てくる場面があった。

陸山会が東京・港区の新築マンション「ラ・セーナ南青山」（約三十三㎡）を三千三百二十万円で購入した目的について、検察官役の指定弁護士が元秘書の石川知裕に問いただしたときのことだ。

このマンションを陸山会は〇一年十二月に購入していた。これは長男が自衛隊を辞めてから半年近く経った頃だ。

——最初に「ラ・セーナ南青山」を購入すると決めたのは誰ですか。

「小沢先生です」

——購入目的は何ですか。

「小沢先生のお子さんが住むためで、小沢先生個人の売買と聞きました」

——小沢さんの子供のために、あなたが銀行とのやりとりをしたのですか。

「お手伝いはしました」

——小沢さんはローンで買いましたか。

「そこまではわかりません」

——（小沢）個人のものなのに、なぜ陸山会所有になったのですか。

「お子さんが住まないということになったということでしたから……。陸山会としてもう一人、女性秘書が住めるようにしたから」

息子が住むためのマンションを小沢が購入する予定だったというのである。それが途中で息子が住まないことになり、陸山会で所有することになったという。この部屋にどの息子を住まわせようとしていたのかは定かではない。

ただ、時期から推測すると長男のために用意したマンションだった可能性が高い。さらにマンション購入の数ヵ月後には、和子が別棟を建てようとしている。やはり海上自衛隊を辞めたことと、長男が父親のもとから離れたことには、何らかの関連性があるのかもしれない。

さらに、その購入から八年後の〇九年六月に、陸山会は小沢にマンションを転売していた。

「長男に出馬打診」

一度だけ、長男が岩手四区を継いで出馬するのではないかとの話が浮上したことがある。

「『国替え』の有無　明言なし／地元・岩手4区　長男に出馬打診も」という見出しの毎日新聞〇八年十二月一日付の記事だった。

それによると、小沢は〇八年九月中旬、長男に「オレの後を継いでくれ」と出馬を打診。岩手の地盤を長男に譲り、小沢本人は公明党・太田昭宏代表（当時）の選挙区である東京十二区からの立候補を検討したが、長男は出馬を固辞したという内容だった。

和子がすでに小沢から離れて別棟で生活を始めて五年以上たっている時期だけに、記事の信憑性に疑いを持たざるを得ない。もちろん長男の世襲話は、その後、雲散霧消した。しかし、何の根拠や裏付けもなく、記事になるとも思えない。とすれば、考えられるのは何らかの情報が小沢サイドからもたらされた可能性だ。

当時、小沢は民主党の代表だったが、翌〇九年一月に西松建設幹部らが海外事業で作った裏金を不正に国内に持ち込んだ事件で逮捕されていた。実はこれが陸山会事件の発端であり、同年三月に当時第一秘書だった大久保隆規が西松建設から偽装献金を受け取った疑いで逮捕された。〇八年九月に麻生太郎が総理に就任し、早々に解散して総選挙になるとも予想されていた。

この流れを見ると、小沢サイドからのリーク情報があったとの見方も、あながち穿《うが》ちすぎとは言えないのではないだろうか。

岩手での小沢夫妻の最後の姿

〈お世話になった方々に申し訳なく、又、説明もできず、もしお会いしてやさしい言葉をかけていたゞいたら、自分が抑えられず涙が止まらなくなるのがわかり岩手に帰れなくなりました〉

〇二年頃から水沢に行けなくなった和子だったが、確認できた限りで数回は支援者たちに姿を見せている。

一回目は〇三年三月に弟の実を亡くしてから、約二年経った〇五年二月頃だった。ある支援者の祖父が亡くなった時だ。その祖父も古くから小沢後援会に入っていた人物だ。一人で線香を上げに来た和子は、痩せていて、その様子から、いまだ弟の死から立ち直れずにいることがうかがわれた。線香を上げるため、仏壇の前に正座をしようとしたが、ままならない。支援者は和子のために椅子を用意したほどだった。

次は、〇七年十一月に小沢と二人で岩手を訪れた時だ。元秘書の結婚式があり、仲人を務めなければならなかったのだ。世間的には小沢夫妻の別居がまったく知られていない頃である。

すると、披露宴でしばらくは仲人席に小沢と並んで座っていた和子だったが、

「わたし、こっちの席のほうがいいわ」

と、途中から水和会関係者のいる一般席に来てしまうのだった。出席者によれば、二人は目を合わすことも言葉を交わすこともなかったという。

岩手で小沢夫妻が揃って目撃されたのは、これが最後だった。

十月に離婚しました

健太郎君の存在を知り、〈お前となら別れられるからいつでも離婚してやる〉などと罵られて、別居に至った和子だったが、それでも〈小沢が政治家としていざという時には、郷里と日本の為に役立つかもしれないのに、私が水をさすようなことをしていいのかという思いがあり、私自身が我慢すればと、ずっと耐えて〉きたのだ。

十年近く忍従してきた和子の思いも、震災と津波と原発事故で崩れ去った。小沢

は地元である被災地に目を向けるどころか、内々に放射能の情報を得て、自分だけ東京から逃げようとしていた。

和子は知人に打ち明けている。

「三人の息子が、『母さん、別れなよ。俺たちが面倒見るから』と言ってくれたの」

結婚してから三十八年、儚《はかな》くも脆い絆が断ち切られた瞬間だった。

和子が支援者たちに送った小沢への離縁状は、二〇一一年十一月に届いている。二人が結婚式を挙げたのは一九七三年十月二十九日。自分の半生に区切りをつけるつもりで、和子は手紙を綴っていたのかもしれない。

実は、第一章の冒頭で全文を公開したものとは別の手紙には、離婚した時期がはっきりと書かれていた。

〈十月に離婚いたしました〉

また、新潟に住む和子の母親は、『週刊新潮』（二〇一二年八月三十日号）の取材に対して、「（著者註：和子が）離婚届は、市役所へ去年のうちに届けたと……」と答えている。私も新潟へ赴き、母親から話を聞こうとしたが、会うことはかなわなかった。

「別居ではありません。離婚したんですから」

一二年二月、ある支援者からの電話に対して、和子自身がこうはっきりと語ってもいる。正式に離婚したのかどうか、和子に会えなければ確認する手立てはないが、状況からすれば、やはり二〇一一年十月に離婚したと考えるのが自然だろう。

初孫の写真

和子が支援者に「離婚した」と電話したのと同じ頃、別の支援者に和子から手紙が届いていた。そこには愛くるしい赤ん坊の写真が一枚添えられていた。

三男に生まれた初孫の写真だった。

さっそく支援者は和子に電話をかけた。

「とっても可愛い女の子よ」

和子は離婚のことなど忘れてしまったかのように喜び、声が弾んでいた。孫娘は二月下旬に生まれたばかりだった。

ただ、支援者が小沢のことを口にすると、和子はこう言った。

「この孫娘は普通の子に育ってほしいの。息子たちも、小沢家のゴタゴタしたことに、この子を巻き込まないでほしいと言っている。だから、小沢には孫のことは知らせていないし、触らせたくもない」

初孫の誕生さえ、小沢は風の便りでしか知ることができなかった。そのことに息子たちも一抹の淋しさを感じていないと言ったら嘘になるだろう。この支援者は、こうも語っていた。

「小沢先生と訣別した今、和子さんにとっては、息子たちと孫のことが全てなんです。生きる支えになっているんです。そんな和子さんが、異母兄弟とはいえ、隠し子の健太郎君の行く末を気にかけていないはずがありません。そういう人なんです、和子さんは……」

二〇一二年七月から住んでいた秘書寮から、和子はすでに居を移している。親しい支援者にも住所を伝えていない。

「あちこちを転々としているの。岩手がどういう状況になっているのか、まったくわからない。私のほうからも、あまり連絡しないようにしているから」

親しかった支援者も和子を慮《おもんぱか》り、連絡する機会を逸しているという。

岩手に足を運ぶ小沢

和子の手紙を『週刊文春』で全文公開した直後の一二年七月から九月にかけて、小沢は四回も岩手に足を運んでいる。以前から考えると全く異例のことだ。九月の彼岸には、水沢・伯済寺《はくさいじ》にある佐重喜とみちの墓にも花を手向けている。

だが、これは被災地の人々に手を差し伸べなかったことを改悛してのことではない。近々行われるであろう総選挙（同年十二月実施）のためだった。岩手に来る回数は増えても、盛岡や一関での会合に出るだけで、三陸沿岸部の被災地には姿を現さなかった。

「俺のことが、こんなに記事に書かれたのは、これまでで初めてのことだ……」

七月末、盛岡市内のホテルで行われた会合で、小沢はこう漏らしていた。

和子の手紙は「小沢王国」をも崩壊させた。それは彼女がことさらに意図するところではなかったかもしれないが、それだけの衝撃を岩手の人々に与えたのだ。

「ここ（岩手）は『小沢の王国』だ。我々の敵は自民党ではない。小沢一郎だ。総選挙の対立軸はそこにある。小沢とどう闘うかだ」

衆院が解散した直後、民主党岩手県連幹部はこう語った。

総選挙の直前、「卒原発」を掲げて、滋賀県知事の嘉田由紀子を代表とする「日本未来の党」が立ち上げられた。

「あなたが代表として出てくれたら、百人通る」

小沢は嘉田をそう口説いていた。

だが、十一月に結党した直後、小沢の率いる「国民の生活が第一」と合流したことに対して、滋賀県庁に批判が殺到し、嘉田は小沢にこう迫ったという。

「何でこんなに評判が悪いんですか。これでは到底やれません。一兵卒として表から引いてください」

総選挙での惨敗

小沢はかつて岩手県の全四区のうち三つは支配していた。民主党に政権交代した〇九年の選挙で初めて四区すべてを制覇した。

だが、東日本大震災を経て、一区の階猛と三区の黄川田徹が叛旗を翻していた。小沢は黄川田への刺客として、一関市郊外の祭時《まつるべ》温泉で旅館を経営する女将・佐藤奈保美を送り込んだ。佐藤は、元衆院議員、菅原喜重郎の娘だ。菅原は民社党から衆院議員になった後、新進党などで小沢と行動を共にし、〇一年に引退している。

県都・盛岡を中心とした一区の階猛への刺客は、達増拓也岩手県知事の陽子夫人だった。候補者が見つからず、苦肉の策だった。県民からは、「小沢だからといってこんなやり方が通るものではねえ。そこまで、やるってがあ」と非難の声が上がっていた。

「結局、小沢は和子さんの『離縁状』で離れていった女性票を取り戻そうどすて、女性を看板に据えたのでしょう。そんなことをしても、放射能が怖くて被災地へ来ながった小沢への不信は、岩手で容易に拭えるものではない」

ある岩手県議の実感だ。

なりふりかまわず、小沢は総選挙の最終盤の四日間にわたり岩手に入った。しかし、劣勢は目を覆うほどだった。大船渡など被災地にも足を運んだが、仮設住宅の住民からは、こんな声も聞かれた。

「小沢さんは本来、被災地で石さ投げられだっておかしくねえ立場ださ」

小沢陣営では水沢での最後の集会に、長姉のスミ子が車椅子姿で現れて支持を訴えた。彼女はこれまでにも度々応援に駆けつけていた。こう語ることもあった。

「やんちゃな小沢ですが……」

それでも小沢は惨敗した。四つの小選挙区で当選したのは小沢一人。前回は約十三万四千票を獲得していたが、今回は約七万八千票と大きく減らした。日本未来の党に至っては、選挙前の六十一議席から九議席にまで激減した。

一方の黄川田は当確が出た直後、陸前高田の事務所から和子の留守電に、「お蔭様で当選できました。ご心配いただき、ありがとうございました」と吹き込んだ。

翌日、和子から電話があった。

「（津波で亡くなった妻の）敬子さんのお墓に参って当選を報告してあげてくださいね」

その後、日本未来の党は空中分解し、小沢グループは「生活の党」へ党名を変更して、分党による政党交付金の約八億円をそっくり懐に入れた。一方の嘉田は阿部知子衆院議員と共に党を追われた。女性を看板にしておいて、またしても使い捨てたのである。

沖縄の別荘

その一方で小沢は、「終《つい》の棲《す》み処《か》」を建てていた。場所は、米軍普天間飛行場の移設先となったものの、沖縄県民の反対が根強く暗礁に乗り上げてしまっている名護市辺野古《へのこ》地区だ。そこから南に約九キロほど離れた東海岸に、平屋建ての別荘が建てられていた。エメラルドグリーンの海と白い砂浜に囲まれた岬にある別荘が建つ土地（約五千二百㎡）は、小沢が民主党の副代表だった〇五年に購入したものだ。その頃にはすでに和子とは別居している。

この土地の購入目的を陸山会事件の公判で問われた時、小沢は「老後に住みたいと思って購入した」と証言している。かねてから小沢が海釣りを趣味としているのは、つとに知られている。地元の岩手では、「王国」も崩壊し、次の総選挙には出ないのではないかとも囁かれている。沖縄に息子たちや和子が立ち寄るとは到底思えない。国会議員という肩書が外れた後、趣味の釣りに没頭しながら、余生を過ごすつもりなのだろうか。そして、そこに小沢が〈あいつとは別れられない〉と語った裕子の姿が果たしてあるのか、それはわからない。

今でも目に浮かぶのは、私が和子に宛てた手紙に書いた被災地の光景だ。

大津波は高台にある三陸鉄道の駅舎や架線を襲い、破壊した。線路に屋根のトタンやガラス、木の破片、土砂などの瓦礫が散乱し、レールは枕木ごと剝がされた箇所もあった。鉄路から集落の家々がまるで砂漠だったかのように消えていた。

しかし、大津波の翌朝、三陸の人々はその鉄路の枕木の上を、いまだ連絡が取れない家族や知人を捜して、ただ黙々と歩いていた。前夜、雪が降ったこともあり、うっすらと雪をかぶった枕木には、その足跡がいくつも、どこまでも続いていた。

「鉄道の廃止で栄えた町はありますか。栄えた町は一つもないと思う」

ある三陸鉄道の幹部は、想像を超える被害に心が押し潰されそうになりながらも、復興への灯火を信じて、私にそう語った。これが、小沢の育った岩手が今もって直面している厳しい現実である。

小沢は、今年（二〇一三年）七月の参院選に向けて「生活の党」での復権を狙っている。この党では、「いのち」と「暮らし」と「地域」の三つを守ることを政治の最優先課題とすると高らかに謳っている。その文字面に躍る言葉の優しさが、かえって虚しさを覚えさせてならない。

和子の手紙と小沢の言葉

小沢はもしかしたら忘れているのかもしれない。自著『語る』の中で、和子の存在をこう言い表していたことを。

「僕なんか完全に共働きだと思ってます。もし女房が選挙運動なんかやめると言ったら、僕は政治家をやめる。できないもの、僕には。

しょせん夫婦や男女の仲というのは、一方の優位でもっては存在し得ない。お互いに補完関係なんです。そもそも平等なんだよ、その意味では。ことさらに性別でどうこういう意識をぬぐい去って、互いの協力関係の上に立ってやれば問題は起きませんね」

小沢は淋しい男だ。

改めてそう思う。その淋しさとは、少年時代に夜、布団の中で母の帰りを今か今かと待ちわびていた坊主頭の小沢が胸にかかえていたものとは、違う。

人は人のために生きるものだ。ましてや政治家は人のために何かを為《な》すことこそが、その使命である。そのことを和子は手紙で訴えていたはずだ。自分の胸の中で、どうにか折り合いをつけられるうちは、それでもいい。だが、人のためにならないのであれば、と——。

小沢と和子の三十八年間には、雨が降り風の吹く日もあっただろう。しかし、小沢がかつて和子に向けて語っていた言葉に気づかないのであれば、それはあまりにも淋しいとしか言いようがない。

あとがき

桜の花は眩しい。

東京の上野公園や浅草寺では、三月下旬ともなると桜が花を開き始める。その桜が春の風に乗って北へ向かい、雪解けの北国で花を咲かせるのは一、二ヵ月ほど遅い。

岩手であれば、ソメイヨシノの桜群でつとに知られる水沢公園で四月中旬から、遠野を貫く北上川支流の猿ヶ石川の土手づたいに延々と続く桜並木は四月下旬から五月にかけて開花する。雪国の人々は、今か今かと桜の花の下を歩けることを心待ちにしている。

誰しも、桜の思い出はある。それは遠い日への郷愁と呼ぶべきものかもしれない。

小沢一郎とて同じことだろう。家の裏の水沢公園に隣接した駒形神社で、日がとっぷりと暮れるまで泥んこ遊びに興じていた坊主頭の小沢少年は、夜ともなれば、布団の中でじっと下駄の音に耳をそばだて母親の帰りを待っていた。母のみちが不在の時は淋しさから、「あったがい」と言ってはお手伝いのサクの布団にもぐり込んでいた。私は奥羽山脈の麓で育った同郷の者として、少年時代の小沢の姿が実感として痛いほどわかる。

水沢公園の桜が芽吹く頃、小沢はみちのいる水沢を離れ、東京に転校していく。同級生らは誘い合って、小沢を見送りに水沢駅のホームまで行ったという。

小沢が再び水沢に戻ってくるのに十年余りの歳月が経っていた。六十九歳で一九六八年五月に急逝した父親・佐重喜の葬儀は水沢の家で営まれた。馬車引きの農家の倅から苦学して大臣にまで上りつめた父親の生涯だった。この佐重喜の死が、当時二十五歳の大学院生に過ぎなかった小沢を運命づける。その佐重喜とみちの眠る墓碑は水沢公園の近くの菩提寺、伯済寺で年輪を重ねた公孫樹《いちょう》の下にある。

水沢の桜に、小沢はどのような思い出を持っているのだろうか。
北国の人々が桜にひときわ強い思いを持っているのは、厳しい冬と雪があるからだ。

岩手はかつて今からは想像もできないほど雪深いところだった。
和子が小沢に嫁いで水沢に来た一九七〇年代は、まさに雪国だった。越後育ちの和子にとってはさほど違和感を覚えなかったろうが、三人の息子たちには真冬の水沢はこたえたことだろう。小沢の実家から水沢小学校までは子供の足で十分はかかる。しかも、その道は山おろしが正面から吹き付ける。幼い兄弟がかじかむ手に息を吹きかけ、互いに庇いあいながら登校した姿が目に浮かぶようだ。

私にも幼い日の雪の記憶がある。吹雪の朝だった。ローカル線の駅までの道を二十人ほどの男が黒い外套をはおり、手拭いで頬っかむりをして黙々と歩いていた。リュックや大きな風呂敷包みを背負っていた。雪がモミ殻のように頬をうちつける。駅のない川向こうから橋を渡ってきたのだろうか。後になって知ったが、彼らは遠い東京へ出稼ぎに向かう人々だった。それが私にとっての岩手だった。

小沢が初出馬した一九六九年師走の総選挙は大雪に見舞われた。水沢の隣町に江刺地区がある。そこには肥えた田んぼが広がり、江刺リンゴの果樹園も点在している。だが、真冬の吹雪ともなれば、田んぼと道の境界線が見えなくなり、立ち往生してしまう。そこを二十七歳の小沢は歩いた。「佐重喜の息子」としか見られず、陰では「ボンボン」と揶揄され、東京から来た外様《とざま》でしかなかった小沢が、選挙区を吐く息も白く懸命になって歩きまわった。このときの雪の厳しさは小沢の心に刻み込まれていることだろう。

岩手の人々は誰しも冬に吹きあれる雪に胸が締めつけられるような思い出を抱えている。しかし、田中角栄の門を叩き、地歩を築いていくに従って、小沢は郷里の岩手を捨て去ったかのように顧みることがなくなった。

桜や雪の記憶のように、人は皆、悔いても悔やみきれない負い目も抱えて生きていかねばならない。小沢を育て支えてきた人たちもそうだった。父親の佐重喜は一郎と母の違う姉妹をなしたことで、妻のみちに負い目を抱えていただろう。そのみちも、継がせるつもりのなかった政治の道を一郎に歩ませてしまった負い目を感じていた。

政界での父代わりとなった角栄も、佐藤昭子を公私にわたるパートナーとしたことで、娘の眞紀子に負い目を感じざるを得なかった。昭子自身も角栄との間に一人娘をなしたことで、眞紀子に対して言いようのない負い目を抱いていたことだろう。

そして小沢にしても、自分からは父だと名乗れない子供をなしてしまった。その子供を産んだ直美にしても、二歳半で自分の手元から離してしまったことを負い目に感じなかったはずはない。

負い目という言葉を哀しみと置き換えてもいい。小沢はその哀しみを我が事として背負ってきたのだろうか。人が小沢を支援してきたのは、その力に期待する部分もあったことだろう。だが、苦境に陥った時、人が求めるのは、その哀しみに耳を傾け手を差しのべてくれることではないだろうか。

和子が手紙で伝えたかったことは、そこにあるように思う。津波に襲われる中で、なぜあのとき家族の手を離してしまったのかと悔いてやまない被災地の人々に対して、少しでもその哀しみの重荷を軽くするために、あなたは何をしたのか、と。

小沢一郎という政治家について取材を始めて二十年余りになる。その一つの成果として『闇将軍　野中広務と小沢一郎の正体』を上梓したのが二〇〇三年二月のことだった。それから十年。私は本書を、小沢一郎取材の集大成のつもりで書き上げた。なお、『週刊文春』での取材・執筆にあたり、編集長の新谷学、デスクの大松芳男、竹田聖、別府響、出版ではノンフィクション局の松﨑匠（いずれも当時）の各氏にお世話になった。改めて感謝したい。

〈参考文献〉

『人間 小澤佐重喜』「人間小沢佐重喜」編集委員会編（小沢一郎後援会・陸山会・一九八〇年）
『小沢一郎・全人像』小田甫（行研出版局・一九九二年）
『語る』小沢一郎（文藝春秋・一九九六年）
『決定版 私の田中角栄日記』佐藤昭子（新潮文庫・二〇〇一年）
『90年代の証言 小沢一郎 政権奪取論』五百旗頭真他編（朝日新聞社・二〇〇六年）
『90年代の証言 野中広務 権力の興亡』五百旗頭真他編（朝日新聞社・二〇〇八年）
『新潮45』別冊「小沢一郎」研究（新潮社・二〇一〇年）

対談／佐高信
淋しき男・小沢一郎の本質

松田　佐高さんは、小沢と同期生だそうですね。

佐高　そう、奇妙な因縁があるんだよ。同じ年に慶応義塾大学を卒業していて、ほかには小泉純一郎や、元公明党の浜四津《はまよつ》敏子、毎日新聞の岸井成格《しげただ》もいた。学生時代はまったく面識がなかったんだけどね。初めて会ったのは二〇〇三年、『週刊現代』の対談企画。話してみるとなんとも気のやさしい男で、「権力の象徴」といった世間のイメージと全然違った。東北の男らしい、口下手でね。東北の方言で、激しいことを「けげしい」というが、まったく「けげしさ」がない。僕はあのとき、小沢は政治家として歩んでいく中で、自ら「けげしさ」を獲得してきた男なんだと感じた。

松田　私も長いこと小沢を取材してきましたが、それはたびたび感じます。小沢一郎の政治家としての原点はどこにあると思いますか。

佐高　家族構成は欠かせない要素だと思う。田中角栄もそうだったけど、彼は、女きょうだいの中の唯一の男という環境で育った。

松田　小沢には腹違いの姉が二人いますね。

佐高　女性に囲まれた環境で育つと、粗雑とか激しいといった性格ではなく、やさしく、繊細な人間になるんだよね。というのも、僕も女きょうだいの中で育ったからなんだけど。でも、小沢には「剛腕」といった猛々しいイメージがついて回っている。僕は、彼は本来の自分ではない姿になろうと、無理して役割を演じた男だと思うんだ。似合わない服を一生懸命着ようとしたんだね。

松田　彼の政治家としてのスタートは、角栄の門下生からでした。角栄の敷いたレールの上にのって、自民党幹事長までのぼりつめた。そして権力闘争に向かっていくわけですが、本当は権力闘争なんてしたくなかったんじゃないかと思ってしまいますね。自らを奮《ふる》い立たせて、無理をして飛び込んでいったような印象を受けます。彼は自分の本音を決して語りたがらない男なので、実際にどう考えながら行動してきたかは、推して測るしかないんですが。

佐高　二代目の悲しさもあるよね。彼は、政治家である父親の嫌なところをたくさん見てきた。

松田　父・佐重喜の話を、小沢は絶対に口にしませんね。母親・みちが故郷・岩手で苦労して家庭を守ってきたかたわらで、芸者を呼んで大騒ぎしていた父親を軽蔑していたとは聞いています。小沢は、本当は政治家でなく弁護士になりたかったんです。しかし、父親が急逝したことで、政界に入らざるを得なくなってしまいました。

佐高　海部（俊樹首相）おろしのとき、後継をめぐって宮沢喜一と渡辺美智雄が争ったでしょう。あのとき、小沢は経世会の実力者として、大先輩である二人を自分の個人事務所に呼びつけて品定めした。俗にいう「口頭試問」。でも本当は、二人よりも小沢の方にチャンスがあったんだ。親分の金丸信は小沢に「総裁選に出ろ」と言っていたのに、小沢が「大先輩より先に、自分がやるわけにはいかない」と引き下がってしまった。剛腕政治家としての自らの役割を規定していても、やっぱり首相は身の丈に合わないという、小沢の気後《きおく》れがあったんじゃないかと思う。

松田　なぜなんでしょうね。幹事長まではのぼりつめたのに、その上の総理を目指そうとしなかった。

佐高　そんな小沢の来し方を振り返って見るに、僕は「純」な男だと思うんだ。和子さんには気の毒だけど、最初に惚れた若女将との恋を貫いてきたという点ひとつとってもそうじゃない。

松田　それはちょっと言い過ぎじゃないですかね。小沢はその後、別の愛人との間にできた子供を若女将に預けて育てさせるんですよ。

佐高　理解しがたいのが男女の仲というものでしょう。

松田　別の女と作った子供を愛人に預けるなんて、普通の男にはできません。

佐高　だから、普通じゃないんだよ。我々の物差しでは測りきれないほど純だからこそ、できるんだ。そもそも、普通ならば角栄が用意してくれた政略結婚の話に乗っかり、愛人を整理するものでしょう。でも、小沢はマザコンとファザコンの両側面をあわせ持っているから、角栄の指示にも逆らえず、かつ女将とも別れられなかった。

松田　なるほど。

佐高　僕は、いまの彼の政治姿勢にも純なるものを感じる。昨年の安保法制反対運動の最中、小沢は国会前のデモに何度も参加した。その集会で、天下の大自民党の幹事長までのぼりつめた男が、弟分である民主党（現民進党）の岡田克也や、社民党の吉田忠智《ただとも》よりも後に挨拶をするんだよ。「生活の党と山本太郎となかまたち共同代表」なんて、ヘンテコな名前まで読み上げられてね。あの場に小沢一郎がいたというのは、たいしたものだよ。

松田　そうですかね。

佐高　あれだけの権勢を誇った人間ならば、「安保法制なんか知らねぇ」ってほったらかしにしたっていいじゃない。だけど、ぞんざいな扱いを受けてもなお、政権批判の輪に加わろうとする。涙が出るような話じゃないの。

松田　私は彼のそうした姿勢は、純粋さからではなく、政界にとどまろうとする必死さからくるものだと思うんですよね。もう後がなくなった小沢は「オリーブの木」構想を打ち立て、共産党とまで手を組んだ。ただ、これは小沢だからこそできたことであるのは間違いありません。

佐高　小沢は田中型政治を継承しているんだろうね。角栄は「兄弟が十人いれば、一人くらいは共産党がいるもんだ」とよく言っていた。一方で、岸信介から始まり、小泉純一郎にまで連なる系譜には、アカは絶対いてはいけない存在。結局、田中型政治は自民党の中で小泉にぶっ潰され、党外で小沢が引き受けることになった。

松田　しかし、理解できないのは、共産党の志位和夫も小沢を受け入れたところです。小沢が和子に長年してきた仕打ちを私は取材し、世間に伝えました。そんな小沢の人間性の本質を知りながら、なぜ志位は小沢を受け入れられたんでしょうか。

佐高　それはほら、誰だって嫁さんには違う顔を見せるもんじゃない。

松田　そうですかね。小沢は長年連れ添った妻に対し、「お前に選挙を手つだってもらった覚えはない」とまで言い放つんですよ。

佐高　夫婦喧嘩は誰にでもあるもの。売り言葉に買い言葉ってやつだよ。

松田　和子が小沢に怒っているのはそんな言葉の端々だけではありません。東日本大震災が起きたとき、小沢は地元・岩手をまったく顧みなかった。和子にはそれが一番許せなかったんです。震災までは、隠し子や愛人といった辛いことがあっても、夫に付き従い、ずっと耐えてきた。震災時の夫の行動を見て、この人は政治家として間違っていると確信し、離婚する決心をしたのです。

佐高　もちろん、震災時に逃げたのはけしからんと思うよ。だけど、妻からの手紙を全面的に信じるのはどうなんだろうか。喧嘩というのは両方の言い分を聞くべきもの。なにも語らない小沢も悪いんだが、一方の言い分だけ聞いて、反論の余地を残さないというのもねえ。

松田　私は妻の言い分だけで十分だと思いました。地元の岩手の人たちの話を聞いても、みな同意見。あの手紙こそが、小沢の本質を示していたものだと思ったからです。その意味でも「離縁状」は、政治を考えるうえでの第一級の資料です。

佐高　でも、週刊誌で批判されて、こういう本まで出されて、それでも選挙に当選してくるのはなぜなんだろうね。普通は落選、あるいは選挙に出ないでしょう。

松田　私も落選すると思っていました。

佐高　全盛期の十三万票には届かないにしても、七万票以上も取るんだよ。七万人が全部だまされているとは言えないでしょう。つまり、スキャンダルがあっても小沢を信じるという人が、七万人もいるわけだ。

松田　和子からの手紙だけでは判断できないという人がいたわけですね。

佐高　それに、こんな手紙を世間にさらされたら、政治家を辞めざるを得ない。

松田　辞めますね。

佐高　恥をさらしてでも、彼は政治家であり続けるんだよ。さっきも話したけど、格下の岡田の後に挨拶することになっても、安倍政権の暴走を止めるためにがんばり続ける。彼自身はどうなってもいい、朽ち果ててもいいと覚悟しているんじゃないかな。舛添《ますぞえ》要一みたいに、記者会見を拒否して逃げることもできたはず。そうしない辺りに、僕は彼の純なるところを感じるんだよ。

松田　私は純とまでは感じられません。彼には自身を振り返って見つめ直す姿勢がない。「あのときは俺が悪かった」という反省がないんです。和子や息子たちに対しての謝罪もありません。

佐高　妻子の問題というのは、男ならだれでもアキレス腱になりうるもの。角栄だって、愛人問題を抱えていたでしょう。政治家というのはある種の人気商売なんだから、女にモテないような男にはとうていなれないものなんだよ。

松田　小沢の場合、愛人問題における汚さが、彼の政治手腕にも現れていると思いますけど。

佐高　離婚騒動だけじゃなくて、小沢はカネの疑惑も乗り越えた。「同郷の人間こそ一番意識するものだ」と大久保利通は言っているが、同じように、小沢は岩手出身である原敬を意識していたんじゃないかと思う。原は生前、「政党政治の伸長を阻害するのは軍部と検察である」と言っている。検察があれだけ小沢を逮捕しようと躍起になったのに捕まえきれなかったのは、検察が権力の統制に利用されるものだということを、小沢は原を通して以前から意識して、備えていたんじゃないだろうか。

松田　小沢の周囲には、舛添とは比較にならないほどのカネに関する疑惑がありました。秘書が逮捕されたのに、小沢本人が逮捕されなかったのは、本当に不可解な話です。

佐高　岸井は、「現在の政治資金規正法は小沢が作った法律だから、盲点を知り尽くしていた」と評しているね。原敬は暗殺された。いまの政界で暗殺なんてありえない話だけど、もしその可能性があった人物は誰かと言われれば、田中角栄、それに小沢一郎ぐらいじゃないかな。

松田　そういう点でも、小沢にとって、角栄はやはり越えられない壁なのでしょう。

佐高　あなたは、小泉についてもずいぶん追いかけてきたよね。二人を比べて、どう思う？

松田　比較にならないくらい、小泉のほうが冷たい人間だと思いますよ。彼は、身内すら寄せ付けない人間ですから。そもそも友達が少ないんです。

佐高　たしかに小沢は側近を次々と切り捨てていったが、小泉には側近と呼べる人間がいなかった。首相秘書官をやっていた飯島勲くらいか。小泉と比べれば、小沢も「普通」なのかもしれないね。

佐高 小沢は、演技だとしても、よく涙を見せますからね。

松田 小泉だって泣くでしょう。オペラを観て。

佐高 小沢は、そういう他人の目を意識した場所ではなく、秘書の葬式などでさめざめと泣くんです。それにしても、ここまで自分を作りあげ、恥をさらし、影響力を失ったいま、小沢は今後も必要とされていく存在なんでしょうか。

松田 それは状況によるでしょう。安倍晋三のような政治家が出てくれば、小沢も必要になる。ただ、岩手の小沢王国は、いまや崩壊しかかっているみたいだね。今度の参院選が分岐点でしょう。

佐高 もう朽ちていくしかないのでしょうか。

松田 「淋しき家族の肖像」かもしれないが、小沢自身も淋しき男だよね。

佐高 妻と息子の出て行った自宅でひとり、淋しい暮らしをしているのでしょう。あるいは、沖縄に建てたという「終の棲み処」で、愛人と最期まで生きようとするのかもしれません。

（二〇一六年六月二十三日収録）

さたか・まこと／一九四五年、山形県酒田市生まれ。高校教師、経済雑誌の編集長を経て評論家に。経済評論にとどまらず、憲法、教育など現代日本について辛口の評論活動を続ける。『週刊金曜日』編集委員。著書に『安倍晋三と岸信介と公明党の罪』（河出書房新社）、『安倍政権10の大罪』（毎日新聞社）、『自民党と創価学会』（集英社）、『新装版　逆命利君』『メディアの怪人　徳間康快』（以上、講談社）、共著に『偽りの保守・安倍晋三の正体』（講談社）など多数。

本書は、二〇一三年六月に文藝春秋より刊行された『小沢一郎　淋しき家族の肖像』を文庫化にあたり、加筆・修正したものです。

松田賢弥―1954年、岩手県北上市生まれ。業界紙記者を経てジャーナリストとなり、『週刊現代』『週刊文春』『文藝春秋』などを中心に執筆活動を行う。故・小渕首相元秘書官のNTTドコモ株疑惑をはじめ、政界について多くのスクープ記事を執筆。小沢一郎について20年以上取材を続け、その後の「陸山会事件」追及の先鞭をつけた。妻・和子からの「離縁状」をスクープしたことで第19回「編集者が選ぶ雑誌ジャーナリズム賞」大賞を受賞。著書に、『絶頂の一族 プリンス・安倍晋三と六人の「ファミリー」』『影の権力者 内閣官房長官菅義偉』(ともに講談社+α文庫)、『政治家秘書 裏工作の証言』(さくら舎)ほか多数。

講談社+α文庫 小沢一郎《おざわいちろう》　淋《さび》しき家族《かぞく》の肖像《しょうぞう》

松田賢弥《まつだけんや》

2016年 8 月18日第 1 刷発行

発行者――――鈴木 哲
発行所――――株式会社 講談社
東京都文京区音羽2-12-21 〒112-8001
電話 編集(03)5395-3522
販売(03)5395-4415
業務(03)5395-3615
デザイン――――鈴木成一デザイン室
カバー印刷――――凸版印刷株式会社
印刷――――凸版印刷株式会社
製本――――株式会社国宝社

落丁本・乱丁本は購入書店名を明記のうえ、小社業務あてにお送りください。
送料は小社負担にてお取り替えします。
なお、この本の内容についてのお問い合わせは
第一事業局企画部「+α文庫」あてにお願いいたします。
Printed in Japan ISBN978-4-06-281686-1
定価はカバーに表示してあります。

講談社+α文庫 Ⓖビジネス・ノンフィクション

武闘派 三代目山口組若頭 溝口 敦
「日本一の親分」田岡一雄・山口組組長の「日本一の子分」山本健一の全闘争を描く!!
880円 G 33-3

撃滅 山口組VS一和会 溝口 敦
四代目の座をめぐり山口組分裂す。「山一抗争」の経過。日本最大の暴力団を制する者は誰だ!?
840円 G 33-4

ドキュメント 五代目山口組 溝口 敦
「山一抗争」の終結、五代目山口組の組長に君臨したのは!? 徹底した取材で描く第五弾!!
840円 G 33-5

武富士 サラ金の帝王 溝口 敦
庶民の生き血を啜《すす》る消費者金融業のドンたちの素顔とは!? 武富士前会長が本音を語る!!
781円 G 33-6

食肉の帝王 同和と暴力で巨富を掴んだ男 溝口 敦
ハンナングループ・浅田満のすべて!(暴)担当も驚く、日本を闇支配するドンの素顔!!
860円 G 33-7

池田大作「権力者」の構造 溝口 敦
創価学会・公明党を支配し、世界制覇を目《もく》論《ろ》む男の秘められた半生を赤裸々に綴《つづ》る!!
880円 G 33-8

新版・現代ヤクザのウラ知識 溝口 敦
暴力、カネ、女…闇社会を支配するアウトローたちの実像を生々しい迫力で暴き出した!
838円 G 33-10

「ヤクザと抗争現場」 溝口敦の極私的取材帳 溝口 敦
抗争の最中、最前線で出会った組長たちの素顔とは? 著者が肌で感じ記した取材記録!
838円 G 33-11

細木数子 魔女の履歴書 溝口 敦
妻妾同居の家に生まれ、暴力団人脈をバックに「視聴率の女王」となった女ヤクザの半生!
760円 G 33-12

***昭和梟《きょう》雄《ゆう》録** 溝口 敦
横井英樹、岡田茂、若狭得治、池田大作と矢野絢也。昭和の掉尾を飾った悪党たちの真実!!
876円 G 33-13

*印は書き下ろし・オリジナル作品

表示価格はすべて本体価格(税別)です。本体価格は変更することがあります

講談社+α文庫 Ⓖビジネス・ノンフィクション

書名	著者	内容	価格	番号
大宰相 田中角栄 ロッキード裁判は無罪だった	田原総一朗	石原慎太郎推薦！ 田中角栄の権力構造を明らかにする、著者40年の角栄研究の総決算！	1000円	G 109-3
だれも書かなかった「部落」	寺園敦史	タブーにメス!! 京都市をめぐる同和利権の〝闇と病《や》み〟を情報公開で追う深層レポート	743円	G 114-1
絶頂の一族 プリンス・安倍晋三と六人の「ファミリー」	松田賢弥	「昭和の妖怪」の幻影を追う岸・安倍一族の謎に迫る！ 安倍晋三はかくして生まれた！	740円	G 119-3
＊影の権力者 内閣官房長官菅義偉	松田賢弥	次期総理大臣候補とさえ目される謎の政治家の実像に迫る。書き下ろしノンフィクション	820円	G 119-4
小沢一郎 淋しき家族の肖像	松田賢弥	妻からの離縁状をスクープした著者による、人間・小沢一郎を問い直す衝撃ノンフィクション	920円	G 119-5
鈴木敏文 商売の原点	緒方知行 編	創業から三十余年、一五〇〇回に及ぶ会議で語り続けた「商売の奥義」を明らかにする！	590円	G 123-1
＊図解「人脈力」の作り方 資金ゼロから大金持ちになる！	内田雅章	人脈力があれば六本木ヒルズも夢じゃない！ 社長五〇〇人と「即アポ」とれる秘密に迫る!!	780円	G 126-1
私の仕事術	松本 大	お金よりも大切なことはやりたい仕事と信用だ。アナタの可能性を高める「ビジネス新常識」	648円	G 131-1
情と理 上 カミソリ後藤田回顧録	後藤田正晴 御厨 貴 監修	〝政界のご意見番〟が自ら明かした激動の戦後秘史！ 上巻は軍隊時代から田中派参加まで	950円	G 137-1
情と理 下 カミソリ後藤田回顧録	後藤田正晴 御厨 貴 監修	〝政界のご意見番〟が自ら明かした激動の戦後秘史！ 下巻は田中派の栄枯盛衰とその後	950円	G 137-2

＊印は書き下ろし・オリジナル作品

表示価格はすべて本体価格(税別)です。本体価格は変更することがあります

講談社+α文庫 Ⓖビジネス・ノンフィクション

タイトル	著者	内容	価格	番号
成功者の告白 5年間の起業ノウハウを3時間で学べる物語《ストーリー》	神田昌典	カリスマコンサルタントのエッセンスを凝縮 R25編集長絶賛のベストセラー待望の文庫化	840円	G 141-1
あなたの前にある宝の探し方 現状を一瞬で変える47のヒント	神田昌典	カリスマ経営コンサルタントが全国から寄せられた切実な悩みに本音で答える人生指南書	800円	G 141-3
虚像に囚われた政治家 小沢一郎の真実	平野貞夫	次の10年を決める男の実像は梟雄《きょうゆう》か英雄か？ 側近中の側近が初めて語る「豪腕」の真実!!	838円	G 143-2
小沢一郎 完全無罪 「特高検察」が犯した7つの大罪	平野貞夫	小泉総理が検察と密約を結び、小沢一郎が狙われたのか!? 霞が関を守る闇権力の全貌！	695円	G 143-5
マンガ ウォーレン・バフェット 世界一おもしろい投資家の、世界一儲かる成功のルール	森生文乃	4兆円を寄付した偉人！ ビル・ゲイツと世界長者番付の首位を争う大富豪の投資哲学!!	648円	G 145-1
運に選ばれる人 選ばれない人	桜井章一	20年間無敗の雀鬼《じゃんき》が明かす「運とツキ」の秘密と法則。仕事や人生に通じるヒント満載！	648円	G 146-1
突破力	桜井章一	明日の見えない不安な時代。そんな現代を生き抜く力の蓄え方を、伝説の雀鬼が指南する	648円	G 146-2
なぜ あの人は強いのか	桜井章一 中谷彰宏	「勝ち」ではなく「強さ」を育め。20年間無敗伝説を持つ勝負師の「強さ」を解き明かす	657円	G 146-3
「大」を疑え。「小」を貫け。	桜井章一 鍵山秀三郎	何を信じ、どう動くか。おかしな世の中でも心を汚さず生きていこう。浄化のメッセージ！	600円	G 146-4
考えるシート	山田ズーニー	コミュニケーションに困ったとき書き込むシート。想いと言葉がピタッ！とつながる本	620円	G 156-1

表示価格はすべて本体価格（税別）です。本体価格は変更することがあります

＊印は書き下ろし・オリジナル作品

講談社+α文庫 Ⓖビジネス・ノンフィクション

同和と銀行 三菱東京UFJ〝汚れ役〟の黒い回顧録
森 功
超弩級ノンフィクション! 初めて明かされる「同和のドン」とメガバンクの「蜜月」
820円 G 213-1

許永中 日本の闇を背負い続けた男
森 功
日本で最も恐れられ愛された男の悲劇。出版社に忌避され続けた原稿が語る驚愕のバブル史!
960円 G 213-2

大阪府警暴力団担当刑事 捜査秘録を開封する
森 功
吉本興業、山口組……底知れない関西地下社会のドス黒い闇の沼に敢然と踏み込む傑作ルポ
760円 G 213-3

腐った翼 JAL65年の浮沈
森 功
デタラメ経営の国策企業は潰れて当然だった! 堕ちた組織と人間のドキュメント
900円 G 213-4

時代考証家に学ぶ時代劇の裏側
山田順子
時代劇を面白く観るための歴史の基礎知識、知って楽しいうんちく、制作の裏話が満載
686円 G 216-1

消えた駅名 駅名改称の裏に隠された謎と秘密
今尾恵介
鉄道界のカリスマが読み解く、八戸、銀座、難波、下関など様々な駅名改称の真相!
724円 G 218-1

地図が隠した「暗号」
今尾恵介
東京はなぜ首都になれたのか? 古今東西の地図から、隠された歴史やお国事情を読み解く
750円 G 218-2

*最期の日のマリー・アントワネット ハプスブルク家の連続悲劇
川島ルミ子
マリー・アントワネット、シシーなど、ハプスブルクのスター達の最期! 文庫書き下ろし
743円 G 219-2

*ルーヴル美術館 女たちの肖像 描かれなかったドラマ
川島ルミ子
ルーヴル美術館に残された美しい女性たちの肖像画。彼女たちの壮絶な人生とは
630円 G 219-3

徳川幕府対御三家・野望と陰謀の三百年
河合 敦
徳川御三家が将軍家の補佐だというのは全くの誤りである。抗争と緊張に興奮の一冊!
667円 G 220-1

*印は書き下ろし・オリジナル作品

表示価格はすべて本体価格(税別)です。本体価格は変更することがあります

講談社+α文庫 Ⓖビジネス・ノンフィクション

書名	著者	内容	価格	番号
Steve Jobs スティーブ・ジョブズ I	ウォルター・アイザックソン 井口耕二 訳	あの公式伝記が文庫版に。第1巻は幼少期、アップル創設と追放、ピクサーでの日々を描く	850円	G 260-1
Steve Jobs スティーブ・ジョブズ II	ウォルター・アイザックソン 井口耕二 訳	アップルの復活、iPhoneやiPadの誕生、最期の日々を描いた終章も新たに収録	850円	G 260-2
ソトニ 警視庁公安部外事二課 シリーズ1 背乗り《はいの》	竹内明	狡猾な中国工作員と迎え撃つ公安捜査チームの死闘。国際諜報戦の全貌を描くミステリ	800円	G 261-1
完全秘匿 警察庁長官狙撃事件	竹内明	初動捜査の失敗、刑事・公安の対立、日本警察史上最悪の失態はかくして起こった!	880円	G 261-2
僕たちのヒーローはみんな在日だった	朴一	なぜ出自を隠さざるを得ないのか? コリアンパワーたちの生き様を論客が語り切った!	600円	G 262-1
モチベーション3・0 持続する「やる気!《ドライブ!》」をいかに引き出すか	ダニエル・ピンク 大前研一 訳	人生を高める新発想は、自発的な動機づけ! 組織を、人を動かす新感覚ビジネス理論	820円	G 263-1
人を動かす、新たな3原則 売らないセールスで、誰もが成功する!	ダニエル・ピンク 神田昌典 訳	『モチベーション3・0』の著者による、21世紀版「人を動かす」! 売らない売り込みとは!?	820円	G 263-2
ネットと愛国	安田浩一	現代が生んだレイシスト集団の実態に迫る。反ヘイト運動が隆盛する契機となった名作	900円	G 264-1
モンスター 尼崎連続殺人事件の真実	一橋文哉	自殺した主犯・角田美代子が遺したノートに綴られた衝撃の真実が明かす「事件の全貌」	720円	G 265-1
アメリカは日本経済の復活を知っている	浜田宏一	ノーベル賞に最も近い経済学の巨人が辿り着いた真理! 20万部のベストセラーが文庫に	720円	G 267-1

*印は書き下ろし・オリジナル作品

表示価格はすべて本体価格(税別)です。本体価格は変更することがあります